人事こそ

Key Factor for Winning

最強の

日本型・グローバル人事の教科書

経営戦略

Kazuki Minami
南 和気

かんき出版

はじめに

今、多くの日本企業にとって「グローバル化」は企業の成長戦略上、最も重要な経営課題となっています。

リーマンショック以降、日本国内のマーケットが縮小し、グローバルに事業展開しなければ将来の展望が開けないなか、多くの日本企業は成長の機会を求め、先進国市場に加えて新興国市場の開拓を加速度的に進めてきました。

しかし、世界の市場には多くの競合企業が存在し、従来の「Made in Japan」ブランドだけでは通用しない厳しい現実があります。

そこで、事業のグローバル化を進めるための重要な差別化要素として価値を高めているのが「人」です。グローバル市場で企業の人材・組織を支える人事のグローバル化、すなわち「グローバル人事」がますます重要となっているのです。

ところが、ビジネスの牽引役となるリーダー人材が育たない、海外にビジネスを広げたいのに、海外法人に適切なタイミングで適切な人材を送り込めない、海外の現地社員がどんどん辞めてしまうなど、グローバル市場での成長の足かせとなってしまっているのもまた、「人」です。

なぜなのでしょうか。

日本企業は人事のグローバル化に対して、これまであまりに無関心だったのではないかと思います。「海外の労働環境はよくわからないので、現地法人に任せよう」「会社で重責を担うのは日本人なのだから、日本人さえしっかり把握できていればいい」「海外子会社の社員や人事部は、本社に対して不満があるだろうし、こちらも信頼できない」といったように考えていたのではないでしょうか。

それでも日本企業のグローバル事業は、独自性の高い製品力に支えられており、その中心には日本人がいました。よって、人事は「日本人のことだけを中心に考えていればいい」という時代が長く続いていたのです。

しかし、市場ニーズは急速に変化する時代となり、一つの製品力で長く成長を支えることが困難になりました。

グローバル市場で勝つための競争力の源泉は「人」です。日本人だけではなく、海外の人材も含めて「全世界の人材を活用する」ことが避けられなくなった今、もうこれまでの人事戦略では通用しません。

今こそ人事戦略をグローバル化しなければ、日本企業は生き残ることができないのです。

たしかに、いざ日本企業がグローバル人事に取り組もうにも、多くの課題があることは事実でしょう。実際、すでにグローバル人事を推進している企業の経営者や人事リーダーにお話を伺うと、以下のような悩みの声をよく耳にします。

●海外企業での取り組みを聞いて、グローバル・リーダー育成を始めてみたものの、毎年同じ人材ばかりが育成対象者として挙がってくるだけで、結局人材が育っていない
●海外の人材を育てたいと思うが、日本人駐在員に聞いても「良い人材がいない」という話ばかり聞く。また、海外企業に負けないような報酬で現地採用しても、すぐに辞めてしまう
●「日本と海外では人事制度が違うから統一しなければ」と思い、評価制度をそろえたが、結局は現実とそぐわず形骸化してしまっている

それでは、日本企業はこれまでやってきた人事の考え方を根本から変えて、海外企業と同

じ人事制度にしないと、グローバル人事は実現できないのでしょうか。

私は、これまでの日本の人事をすべて捨て去るような必要はないと考えています。

人事のグローバル化に求められるのは、日本企業で行われてきた人事施策を「人材の多様化」「人材需給のグローバル化」「人材の流動化」という三つの変化に対応したものにいわば〝バージョンアップ〟していく作業であり、なにか全く新しいことをゼロからスタートさせるといったことではありません。

「外国人だから」「海外子会社だから」という違いの前に同じ「人」を扱う仕事であり、「人材の価値を最大化する」という意味では、人事の仕事の本質はなにも変わらないのです。

そして実際に正しい方法でやってみると、実は日本企業ほどグローバル人事に向いている企業はないというのが、私自身の実感です。

日本人を対象に限られてはいるものの、長期雇用をベースとして、企業と社員が強く結びつき、一人ひとりの社員を丁寧に育成するという日本企業の文化は、世界でも特殊な強みです。

たしかに日本企業は、海外企業と比べて人事のグローバル化に大きな後れがあります。しかし、日本企業が持つ強みを生かし、先行して取り組んだ海外企業から学ぶことで、日本企業のグローバル人事は、独自の優れた人事戦略となりえるのです。

このことは、コンサルタントとして200社を超える日本企業でグローバル人事の導入に関わってきた経験と、私が所属するSAPが、ドイツ企業からグローバル企業へと急激に遂げた変革を人事として推進した経験、そして私自身、上司も部下も外国人という環境で仕事をするなかで、日本人の強み、弱みをあらためて痛感した実体験を通じてわかってきたことです。

グローバル人事との出合い

私とグローバル人事との出合いは、約15年前にさかのぼります。企業の業務システムなどを手掛けるSAPジャパンで人事システムおよび人事コンサルティングサービスの事業を担当していた私は、1年間ドイツ本社で製品開発の現場に触れていました。その際に目にしたのが、顧客であるP&Gやネスレ、コカ・コーラ、GEなど多くの海外企業の人事部門が取り組むグローバル人事でした。

これらの企業の人事部門には、急速にグローバル化を進めるなかで、ビジネスのパフォーマンスを最大化するために最適な人材をスピーディに供給していくことが求められていました。そこで、世界中に散らばる社員のなかから、それぞれの事業を進めるうえで最適な人材をいち早く見つけ出し、育成し、配置するという人事施策をグローバルに展開していたのです。

当時の日本では、このような世界的な視点を持って人事施策を行っている企業はほとんどありませんでしたが、「日本も近い将来、こうしたやり方を取り入れていかなくては海外企業と戦っていくことはできないだろうな」と強く感じていました。

帰国後は早速、社内外でグローバル人事の重要性を説き回りつつ、9ブロック（一定の評価軸で優秀人材を選抜する手法）やコンピテンシー評価（行動特性や素養などによる人材評価）など、海外企業の施策を日本企業に導入することに取り組み始めました。

しかし、当初はどれもうまくいきませんでした。手法を表面的になぞるだけのものになってしまい、継続的な人材の育成につなげることができなかったのです。

そうしたことを何度か繰り返すうちに、「これではいけない。なにかが違う」と気づきました。

「なぜ、日本企業にはそうした施策が定着せず機能しないのか」と考えるうち、たどり着いた結論は、「そもそも海外企業で結果的に似通った取り組みをしていても、グローバル人事をなぜ行うのか、どのようなゴールに向かっていて、どう進めていたのかということは、企業ごとに違うのではないか」ということでした。

そこで再度、各海外企業は人事戦略の目的やゴールをどこに置いているのか、その出発点から注意深く紐解いていきました。

すると、海外企業といっても、例えば、「アメリカ企業とヨーロッパ企業ではアプローチが全く異なること」、そして「各企業のグローバル人事で取るべき施策は、事業のステージによって異なっていること」に気づきました。

海外のグローバル企業は、「自社の事業が今、どのステージにあり、将来目指すべきステージはどこにあるのか」といったゴール設定をしっかり行ったうえで、「それをどんな人事施策によって実現させるのか」を決めていたのです。

そうした視点で見ていくと、各企業が「なにを目指すのか」というゴールによって、やるべきこととやらなくていいことが明確になってくるだけでなく、事業のグローバル化のステージごとに有効な人事施策に共通性があることや、日本企業であるがゆえにつまずきがちな点、とるべきアプローチがすぐに目に見えるようになりました。

「変化」をチャンスに

前著『世界最強人事　グローバル競争で勝つ日本発・人材マネジメント』（幻冬舎メディアコンサルティング）では、グローバル人事に取り組む8社の人事部門キーパーソンへのインタビューを通して、日本企業の風土や歴史を大切にしながら、日本の人事の〝良さ〟と海外企業の人事の〝強さ〟を融合するグローバル人事「第三の道」を模索していきました。

本書では、「変化」に直面した日本企業が、この「変化」をチャンスと捉えて、世界で勝てる組織に変わっていけるよう、グローバル人事を最短で実現させる具体的な方法と、その際に人事が知っておくべき考え方を余すことなくお伝えしていきます。

加えて、今回もグローバル人事に取り組む企業事例として4社、グローバル人材の育成事例として2人のグローバル・リーダーのインタビューを収録しています。自社に合ったやり方を模索するうえでの参考になるはずです。

グローバル人事は、今のところ「積極的に海外進出している一部の大企業だけが取り組むべきこと」のように思われているかもしれません。

しかし私は、日本国内だけでビジネスを行っている企業にとっても、これからはグローバル人事の考え方が必要になってくると考えています。

日本には今、人手不足という大きな「変化」の波が訪れています。少子高齢化による人口減少により労働者の高齢化、多様化が進み、若手の人手不足が深刻化、外国人労働者の積極的な雇用についても議論が進んでいる状況です。

今後は国内企業においても、人材が多様化するなかで、戦略的に人を育て組織を生かすグローバル人事の考え方を取り入れていかなければ、迫りくる「変化」の大波を乗り越えることはできないのではないか、という危機感を抱いています。

また、今後もＩＴや輸送網の発達が続いていけば、近い将来、規模の大小を問わず、さらに多くの日本企業がグローバル市場に進出するようになっていくことでしょう。

私は日本企業に負けてほしくない、グローバル市場で日本の良さを発揮し、成功してほしいと願っています。

日本企業のポテンシャルは、海外企業に見劣りしないものがあります。

ただ一つ、残念な部分があるとすると、それは「人」、特にグローバル人事に関わる部分です。「海外のことは海外に任せる」という名のもとに、長い時間放置していた問題に、もう一度正面から向き合い、リーダーシップを発揮していかなければなりません。

日本人だから、外国人だからという壁を破り、全社員が信頼関係を持って力を発揮できる組織をつくる。その成否がそのまま企業の競争力となります。人事こそが、最強の経営戦略となる時代なのです。


日本企業の強みを生かしつつ、人事のグローバル化を正しく進めていけば、日本企業は多くの海外企業と互角以上に戦えるグローバル企業に成長する可能性を持っている。私はそう考えています。

本書によって、「人」の力で一歩を踏み出そうとするすべての方の背中を押すことができたら、またとない幸せです。

人事こそ最強の経営戦略　目次

第1章

グローバル人事とはなにか？

ケーススタディ1

パナソニック株式会社　コーポレート戦略本部　人材戦略部長

三島茂樹氏

第2章

「人の価値」を正しく測る

第3章

「人材配置」を成功に導く戦略

ケーススタディ 2

ジョンソン・エンド・ジョンソン株式会社 メディカル カンパニー人事部ディレクター

黒川華恵氏

第4章 グローバル・リーダーをどのように育てるか

ケーススタディ 3

IAEA 人事部人材計画課課長 管理局上級人事担当官 **井上福子**氏

OECD 人事部タレントマネジメント課課長 **宮迫 純**氏

第5章

自ら成長し変化する最強の組織づくり

ケーススタディ 4

オムロン株式会社 執行役員　グローバル人財総務本部長

冨田雅彦氏

第6章
テクノロジーがもたらす未来の人事

ケーススタディ5

ＳＡＰジャパン株式会社 代表取締役社長
福田 譲氏

本書内のインタビューは記載された日付に行われたもので、
掲載されている内容や肩書き等は取材当時の情報です。

装丁　竹内雄二
図版作成　荒井雅美
DTP　野中賢（システムタンク）
編集　庄子錬
編集協力　井上佐保子

第1章

グローバル人事とはなにか?

この章のポイント

□「グローバル人事」とは、事業のグローバル化に伴う「人材の多様化」「人材需給のグローバル化」「人材の流動化」という人材の変化に対応すること

□グローバル人事の三段階モデル
「セントラル人事」「マルチナショナル人事」
「インターナショナル人事」

□グローバル人事を始めるための三つの課題
「経営と人事の一体化」「タレントマネジメント」
「組織開発・組織活性化」

グローバル人事がなぜ必要なのか

ここ数年、事業のグローバル展開に合わせて、「人事のグローバル化」を進める日本企業が増えています。企業活動がグローバル化するなかで、日本人のグローバル人材を育成するだけでなく、それぞれの国や地域で雇用している外国人の社員を適切に評価し、その能力を引き出すことで国際競争力を高めたい、というのがその理由です。

とはいえ、そもそも日本企業は高度経済成長期からずっと積極的に海外進出してきましたし、経済のグローバル化も今に始まったことではありません。日本企業の海外現地法人に勤める外国人社員の総数は、日本人社員の総数を上回っているというデータもあります。

なぜ、今になってグローバル人事の必要性が高まってきたのでしょうか。

一番の理由は、グローバルビジネスのスピードが変わってきたことにあります。

新聞や雑誌の記事などでは、しばしば「ビジネスのスピードが加速している」といった表現が使われますが、実際にどれほど速くなってきているのか、それを示す例として次のようなデータがあります。

現在のグローバルビジネスとはなにか

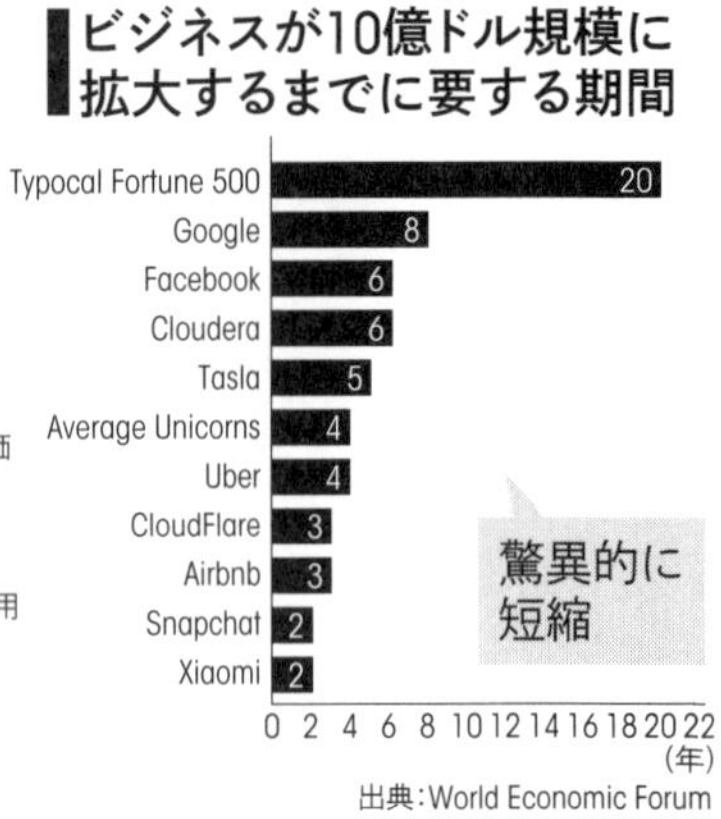

右のグラフは、ビジネスが立ち上げから10億ドル規模に達するまでの期間を示したものです。フォーチュン500に出てくるような大企業の場合は、20年間かかっていたのに対し、Googleは8年、Facebookは6年、アメリカの電気自動車大手Teslaは5年、ライドシェアサービスのUberは4年、民泊ウェブサイト運営のAirbnbは3年、チャットアプリのSnapchatに至っては2年しかかかっていません。

なぜ、ビジネスの成長スピードがこれほどまで速くなったのでしょうか。

最大の理由は、インターネットの発達により情報やサービスを一気に世界に広げられるようになったことです。一つの商品やサービスができ上がれば、かつてのように国ごとに販売ルートを確保し、問い合わせ窓口を構える必要はありません。インターネットを通じて世界中にすぐに販売することができます。

さらに、スマートフォンの普及によって、企業だけではなく、個人にとってもインターネットを通じた取引のハードルは大きく下がりました。世界中の個人顧客に直接アプローチすることができるだけではなく、SNSを通じて優れたサービスや顧客体験を一気に拡散できるようになったため、極めて短時間のうちに事業を拡大することが可能になったのです。

また、速くなったのは情報のやりとりだけではありません。交通手段や輸送網などロジスティクスの発達により、人やモノの移動スピードもまた格段に速くなりました。

ビジネスのスピードが加速しているということは、商品やサービスが陳腐化するスピードもまた加速しているということになります。画期的な新商品、新サービスを生み出したとしても、その情報は瞬時に世界中の競合企業に伝わります。

しかも、新しいテクノロジーを生み出すためのコストも年々下がっているので（前ページ左図）、他社の追随を許さない圧倒的な商品力、技術力、独自性がない限り、あっという間に模倣されてしまいます。

これまでのように、「まずは日本のマーケットに広げていき、機が熟したら海外のマーケットへ進出していこう」などと悠長に構えていては、ビジネスチャンスを失ってしまうことになりかねません。グローバル競争に勝ち抜くためには、グローバルに商品やサービスを普及させていくスピード感が重要になってきているのです。

では、グローバルな事業展開をスピーディに進めるためには、なにが必要なのでしょうか。

日本企業はこれまで、圧倒的な技術力を駆使して画期的な商品を生み出し、モノの力で世界に広めていくことができました。

「ソニーのウォークマン」は、モノの力で世界に売れた製品の代表例でしょう。世界中の誰もが「ソニーのウォークマン」を欲しがったわけですから、とにかく日本でつくった製品をそのまま海外へ輸出するだけでよかったのです。

しかし、国際競争が激化する今、モノの力だけで勝負できる日本企業はそれほど多くありません。Apple の iPhone ですら、世界のスマホ市場シェアでは2位（1位は Samsung の Galaxy）、iOS に至っては15％弱のシェアに過ぎず、トップの Android（Google）に大きく水をあけられた2位に甘んじているのです(Gartner Press Release Feb 22, 2018)。

モノの力だけでは売れない時代、競合他社の製品・サービスとの差別化を図るために各企業が行っているのが、「多様なニーズに素早く応える」ことです。

たくさんある競合製品のなかで、どれが選ばれるのかといえば、より細やかなニーズに応えてくれるような製品やサービスです。

そうした製品、サービスを提供するためには、「人材」の力が欠かせません。それぞれの国や地域のマーケットに深く入り込み、細やかにニーズを吸い上げることができる人材。吸い上げたニーズをすぐに製品やサービスに反映し、広めることができる人材。ビジネス上の意思決定をスピーディに行うことができる人材――こうした人材は必ずしも日本人である必要はなく、むしろマーケットに近い現地の人材のほうが適任である場合が多いはずです。

海外のグローバル企業は、このことに気づき、いち早く現地の人材を戦力化し始め、さらには優秀な人材を国や地域を越えて世界中に派遣するグローバル人事を始めたことで、ビジネススピードを加速させ、国際競争力を高めてきたのです。

一方、日本企業はこれまで、海外進出の際はできる限り日本人社員を現地に送り込む形で対応してきました。海外マーケット開拓に必要なノウハウがない場合は、それを日本の商社に任せ、資金の調達も日本の銀行の海外支店を頼るなど、海外展開は日本人中心に行われてきたわけです。

もちろん、現地法人では現地採用の社員を雇用していましたが、そうした人たちはあくまでもローカルのみの労働力の一つとしてしか見ておらず、優秀な人材がいてもリーダーとして登用することをほとんどしてきませんでした。

しかし、グローバルビジネスの展開スピードが加速し、ビジネスニーズが多様化する昨今、日本企業もこれまでのような日本人中心のやり方では対応できなくなっています。

日本のノウハウを世界に広めていこうとするだけではなく世界のノウハウを吸収し、日本人だけではなく世界の人材の力を活用しなければ、海外企業と同じ土俵で戦えなくなってきた――これこそが、グローバル人事の必要性が高まっている真の理由といえるでしょう。

事業のグローバル化とともに人事はどう変わるのか

では、そもそもグローバル人事とはなんでしょうか。日本企業がこれまでやってきた人事とはなにが違うのでしょうか。

グローバル人事と聞くと、「これまでと全く異なる特別なことをやらなくてはいけないのではないか」と思われるかもしれませんが、そういうわけではありません。といっても、「グローバル時代だから、人事のやり方をちょっと変えよう」といった曖昧模糊としたものでもありません。

基本的にグローバル人事とは、事業のグローバル化に伴う「人材の変化」に人事のやり方を対応させる目的で行うものです。

海外企業の人材戦略

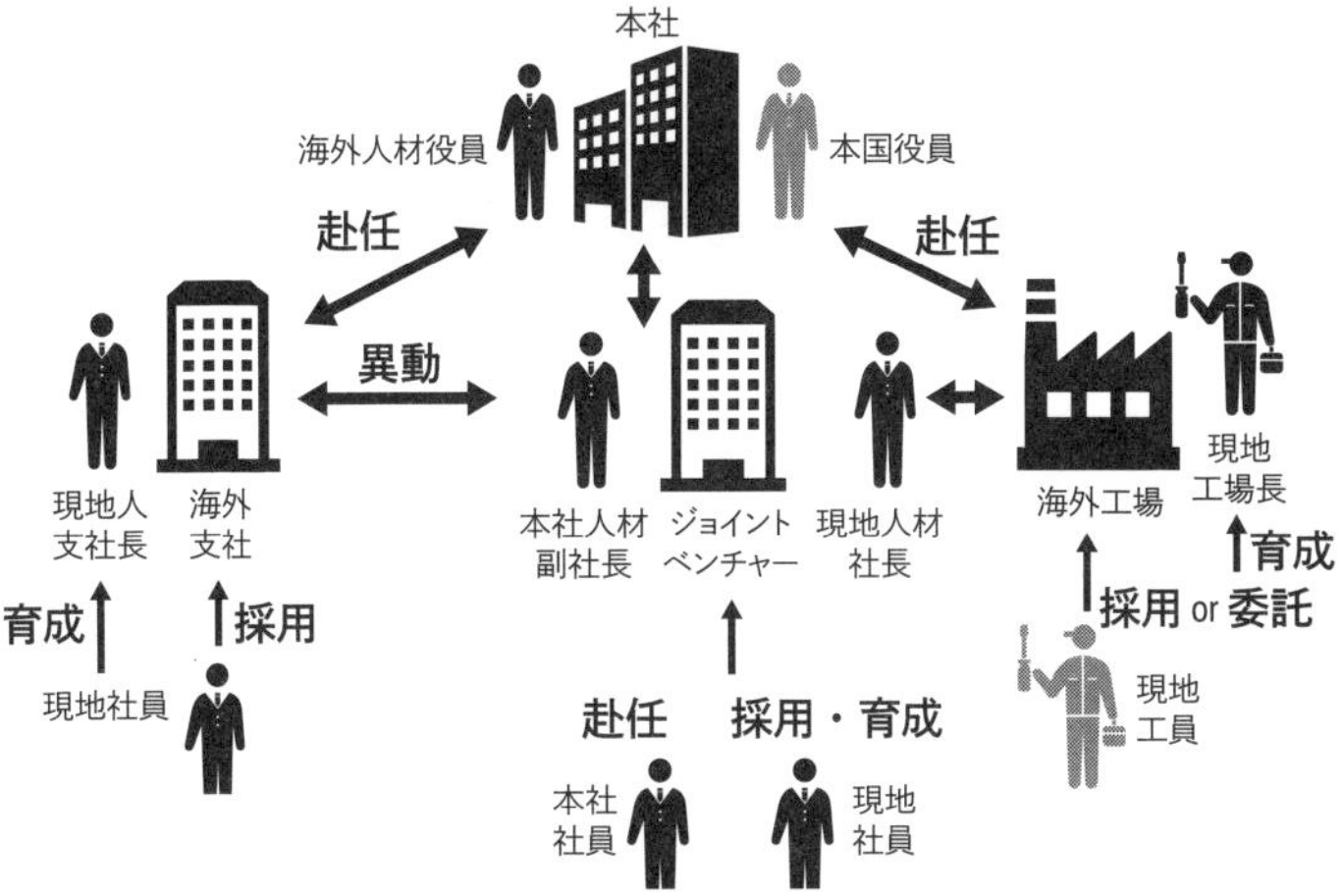

日本企業の人材戦略

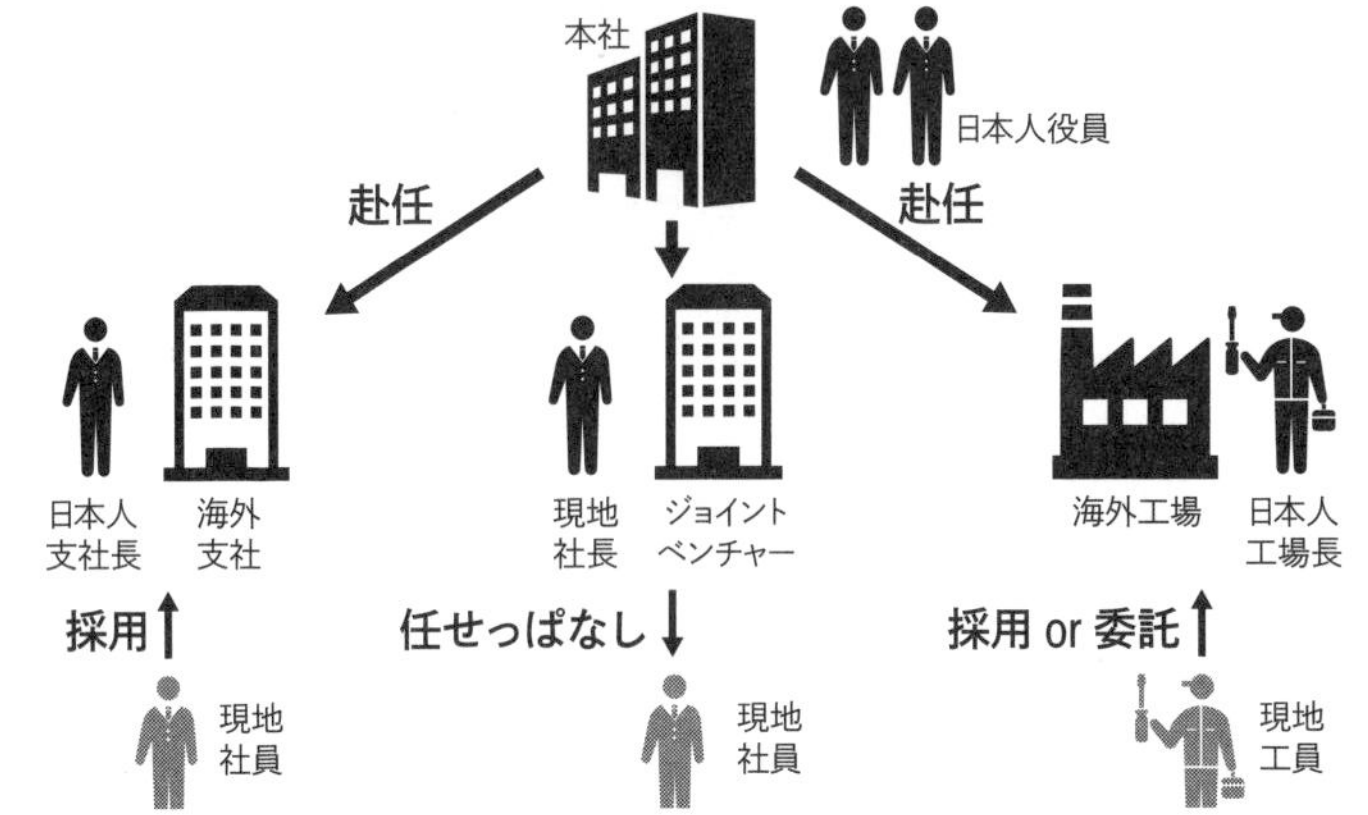

では、どのような人材の変化、そして課題がもたらされるのでしょうか。
大きく分けて、次の3点が挙げられます。

グローバル化に伴う人材の変化と課題

①人材の多様化

事業のグローバル展開に伴って、現地の人材を採用するなど、日本人以外の人材を雇用するケースが増え、人事管理の対象が日本人だけではなくなってきます。

そうした人材に長く活躍してもらうためには、性別や年齢だけでなく、国籍、民族、言語、文化、バックグラウンドなどが異なる多様な人材を扱えるよう、柔軟性のある施策や受け入れ態勢が必要になってきます。

また、日本国内で、日本人を新卒一括採用している企業であれば、研修などで顔を合わせていることもあり、それほど細かい人事情報を持っていなくても「名古屋支店の営業職で入社5年目の田中さん」といった情報だけで、なんとなくその人材のイメージができてしまったりします。

しかし、「最近、現地で中途採用されたシンガポール支店の営業部長」といった情報だけでは、どんなキャリアの持ち主なのか、どんなバックグラウンドを持った、どんな人物なのかが全くわかりません。

現地法人で働く人材に、長く活躍してもらえるよう人事がサポートしていくためには、本社人事と海外現地の人事が連携し、一人ひとりの人材情報を意識的に集めて把握する努力が必要となります。

②人材需給のグローバル化

事業のグローバル展開が進んでいくと、様々な国に拠点ができ、人材需要に対し、現地で採用を行うだけでなく、別の国で採用した社員を、国を越えて異動させるなど、グローバルで人材配置を行ったほうがうまくいくようなケースも出てきます。

このように、人材需給がグローバル化するようになると、人事制度をグローバルで整える必要が出てきます。

例えば、アメリカの現地法人で営業部長をしている人に、ブラジルの現地法人の社長就任を打診したところ、人事評価や報酬の制度がアメリカの会社とブラジルの会社で異なっていたため、「ブラジルの会社へ行くと報酬が下がってしまう」という理由で退職されてしまった、といったことが起きる可能性もあるのです。

人材需給のグローバル化に対応するには、評価や処遇制度など、人事の基本的な制度をグローバル化していかなくてはなりません。そのためには、日本と世界の人事慣習や雇用に対する考え方の違いを理解し、グローバルで合わせるところ・合わせないところを具体化し、最適な人事の仕組みに落とし込む必要があります。

③人材の流動化

人材が多様化すればするほど、当然雇用に対する価値観も多様化します。

海外、特にアメリカや東南アジアでは、日本のように新卒入社から定年退職まで同じ会社で働き続ける、といったことはほぼありません。

また、タイミングよくスピーディに新しい事業を立ち上げるためには、現地で新しい人材をどんどん採用し、活用していくことが求められるため、海外の流動的な人材マーケットに合わせて採用方法を工夫したり、退職リスクに備えたりする必要があります。

加えて、優秀な人材に定着してもらえるよう、その企業で働くメリットを感じてもらい、ロイヤリティ（企業に対する忠誠心や帰属意識）を高めるための施策や、組織の価値観や理念に世界中の社員が共感してくれるような取り組みを行うことも必要です。海外では、重要ポストにいる人材が突然退職したり、部下を引き連れて集団で退職したりすることもしばしば起こります。こうしたリスクに備えるため、サクセッション・プランニング（後継者育成計画）を整備する必要もあります。

このように事業がグローバル展開することで、人材が変化し、それに伴う課題も多々起きてくることが予想されるわけですが、これらの変化すべてがグローバル進出した企業に必ず起きるというわけではありません。

企業の方針や事業の特性、海外展開の段階などによって、直面する課題や目指すゴールは異なるため、すべての企業にとって正解となるグローバル人事のやり方はありません。

海外企業の様々な施策をやみくもに導入したり、他社の事例と同じやり方をそっくりそのまま取り入れたりするのではなく、まずは自社がどのようなやり方で事業のグローバル展開を進めていこうとしているのかをきちんと把握し、その方向性や事業戦略に合った人事のやり方を選択し、進めていくことが大切です。

グローバル人事の三段階モデル

企業によって目指すべきゴールは異なるわけですが、では自社が目指すべきグローバル人事のゴールをどのようにして定めればいいのでしょうか。

海外で事業展開している企業には、組織形態や事業の状況や特性、グローバル展開の方向性などにより、大きく分けて「セントラル人事」「マルチナショナル人事」「インターナショナル人事」という三つのグローバル人事の段階があります。

●セントラル人事

セントラル人事は、本国、本社の人材を海外でも活躍できるよう育成して海外の支社や現地法人に派遣し、主に現地企業との合弁や協業によってマーケットに食い込み、現地のニーズに応えた製品、サービスを提供していく、といったモデルです。

韓国のSamsungなどがこのやり方をとっています。ひと昔前の日本の商社や銀行もこれに近いモデルでしたが、当時は、主要な顧客が現地の日本企業であったため、このモデルがよく機能しました。

セントラル人事の場合、現地法人のスタッフや販売会社などには外国人社員を採用するものの、主要ポストには本社社員が派遣されているので、「人材の多様化」「人材需給のグローバル化」「人材の流動化」の影響はあまりなく、人事制度を大きく変える必要がないということがメリットです。

ただし、このやり方を維持していくためには、海外支社や現地法人を統括できるような優秀なグローバル・リーダーを数多く育成し、継続的に送り込んでいけるよう、大きな育成コストを支払う覚悟が求められます。

例えば、Samsungには、社員が海外現地に着任する1年ほど前からその国に派遣し、言葉や文化を習得しながら人脈をつくることができるように育成する〝地域専門家制度〟があります。

しかし、Samsungのように優秀な人材を国内で多数確保して育成し、継続的に送り込むことができるような企業はごく一部。体力のある大企業でなければ実現できないというところはデメリットといえるでしょう。

●マルチナショナル人事

マルチナショナル人事は、今、多くの日本企業が目指しているグローバル人事のモデルです。現地のマーケットに対して最適な製品やサービスを提供するため、現地法人の社員はもちろん、トップにも現地で採用、育成した人材を登用し、必要な権限も委譲し、経営のほとんどを現地に任せる形です。

コマツ、コニカミノルタなどは早い段階からこのモデルを取り入れて海外事業を展開していますし、実はネスレなど多くの海外企業もこのモデルを採用しています。日本の現地法人であるネスレ日本には、新卒で入社して、定年まで勤める社員も多くいますし、マーケットに合わせて、抹茶味のキットカットのような日本独自の製品を多数つくるなど、ほとんど日本企業といっていいほど経営が現地化されています。

マルチナショナル人事の場合、初期の段階では、本国からの派遣、またはヘッドハンティングによって現地トップを据える期間があります。

しかし、現地の人がいくら頑張っても、日本人トップや外部採用によるトップがいるために昇進できないといった、いわゆるガラスシーリングによるモチベーションダウンや離職を防ぐ意味でも、3〜5年というスパンで、できる限り現地社員からの内部登用を目指します。現地社員の育成と登用のサイクルを回していくことで、社員のエンゲージメント（企業に対して社員が感じるつながり）を高めるのがこのモデルの特徴です。

ただ、先行してマルチナショナル人事に取り組んだ海外企業では、現地人材による現地トップの次のキャリアをどうするかという問題が起きています。

今のところ、本社の役員会に外国人を置くようになったという企業が増えているわけではありませんが、今後取り組む企業においては、「ローカル」「地域」「事業」といったいくつかのレベルでキャリアを複線化しておくなど、あらかじめ備えておきたい課題です。

組織や人材の現地最適化を進めていくことは、事業の現地最適化という意味ではいいのですが、現地の力が強くなりすぎると、本社のガバナンスが効きにくくなり、不正やコンプライアンス違反などの問題が起こるリスクがあります。日本企業においても、中国やアメリカで多くのコンプライアンス問題や不正が起きていますが、これらは過剰な現地化によってガバナンスが欠如した例です。

こうした過剰な現地化を防ぐため、昨今のマルチナショナル人事において導入されているのが、現地社長に近いナンバー2のポジションに、パートナーとして本社から日本人社員を送り込む「ナンバー2モデル」です。

または、社長、財務担当のCFO、オペレーションのトップCOOといった三つのキーポジションを現地人材、本社人材、グローバル人材の三者で担当し、〝三権分立〟のような形で緊張関係をつくる「トライアングルモデル」という方法もあります。

マルチナショナル人事では、「どのような形で現地法人に任せ、現地人材を育成するか」だけではなく、「どのようにガバナンスを維持していくか」を定め、「本社から現地に送り込む日本人をどう育成するか」ということを決めるのも人事の重要な仕事です。

また、過剰な現地化により、グローバルな組織としての一体感や理念が失われないよう、価値観や理念を伝える「ウェイ」といったものを掲げ、そのためのコミュニケーションを行う「ウェイマネジメント」を推進することで、現地化による遠心力と、理念浸透による求心力のバランスをとっていくことも、忘れてはならない取り組みです。

●インターナショナル人事

インターナショナル人事は、一部のグローバル企業だけが実現しているグローバル人事のモデルです。GEやP&G、武田薬品工業などがこのモデルを採用しています。

マルチナショナル人事では、現地マーケットに最適な製品やサービスを提供するため、より現地に深く入り込むことを目的としていました。

しかし、製品やサービスの特徴、事業の方向性によっては、現地マーケットの細かなニーズに対応しなくても、全世界で同じ製品やサービスで展開できる場合もあります。

例えば、自動車についているカーナビですが、ひと昔前までは、それぞれの国や地域に合わせて細かく仕様を変えていました。

ところが、最近ではGoogleマップを使うことで、どの国に行っても対応できるようになっています。Googleマップは国ごとに全く違うサービスをやっているわけではなく、全世界に向けて同じものを提供しています。

Google マップのように全世界、インターナショナルマーケットに向けて商品やサービスを展開している企業は、現地マーケットごとに最適化する必要はありません。

むしろ、スピーディに世界に展開していくため、国や地域を問わず、最適な事業を最適なロケーションに配置して展開していくことが求められます。主要なマーケットがヨーロッパであれば、ヨーロッパを本部にする。主要な開発拠点がアメリカであれば、アメリカに開発本部を移す。そして、国をまたいだ組織が運営されるべきです。

人事についても、例えば、インドで大成功した新サービスをすぐにアメリカでも立ち上げられるよう、国をまたいで責任者を異動させるなど、国籍や所属にかかわらず、ポジションの要件に応じて最適な人材を配置することが求められます。

このように国や地域を越え、グローバルに人事施策を行う必要がある場合はインターナショナル人事となります。

国や地域を越えて人材配置を行っていく場合、世界中に散らばる候補者のなかから、求められるポジションの要件に最適な人を選ばなくてはならず、それぞれのポジションの要件設定を明確にしなければなりません。そこで、人材の価値を同じ基準で測る明確かつ共通の人材評価の仕組みが求められます。GEが、「GEグロースバリュー（五つの行動原則に基づいた評価基準）」のような世界共通の評価基準を用いていたのは、こうしたニーズがあったからです。

一方で、世界のどのグローバル企業を見ても、全社員を対象にインターナショナル人事を実行している企業はありません。多くの企業はマルチナショナル人事とインターナショナル人事を組み合わせることで、最適な人材配置を実現しています。

また、国や地域といった枠組みが希薄になる分、組織としてのまとまりや組織力を生み出すための取り組みも不可欠となります。

インターナショナル人事を行うには、人事制度をグローバルにある程度統一する必要があるものの、複数のグローバル人事モデルを使い分けて、「グローバルで合わせる部分と、合わせる必要がない部分」を見極めていかなくてはなりません。

ここまで、グローバル人事の基本的モデルを「セントラル人事」「マルチナショナル人事」「インターナショナル人事」の三段階に分けて説明しましたが、必ずしもこの順に展開していくもの、というわけではありません。長年、セントラル人事だけを行っている企業もあれば、最初からマルチナショナル人事でグローバル展開していく企業もあります。

ただし、最初からインターナショナル人事を行うには、グローバルで様々な制度を整えていく必要があり、日本企業にとっては難しい部分があると思います。

グローバル人事へのステップまとめ

	セントラル人事	→ マルチナショナル人事	→ インターナショナル人事
モデルの特徴	日本企業が以前から行う人事のモデル	多くの日本企業が現在目指しているモデル	一部の海外企業が現在実現しているモデル
事業の状況と特性	海外販売は現地JV に 任 せ る。または海外現地の日本企業が主要顧客	海外現地の企業や市場を相手に現地法人が現地最適にマーケットインする	国や地域にとらわれず、最適な事業を最適なロケーションに配置してビジネスを行う
人材育成、配置の方針	本社人材を海外現地法人の主要ポストに派遣	現地人材による現地法人トップを育成する	国や所属にかかわらずポジションの要件に応じて最適な人材を配置する
代表的な企業例	商社、銀行、Samsung	コマツ、コニカミノルタ、ネスレ	GE、P&G、武田薬品工業
今後の課題	優秀で海外支社を統括できる本社リーダーの育成が相当数必要	「ガバナンスモデルの構築」と「現地リーダーのキャリアパスの設計」が必要	組織力を向上させる取り組みが必要

また、実際のところは、これらのモデルうちどれか一つを当てはめる企業よりも、事業展開のステージや特性に合わせて、事業ごとに使い分けることがほとんどです。

例えば、インターナショナル人事を行っているGEも「地域別にカスタマイズが必要なヘルスケア事業はマルチナショナル人事、世界共通の航空事業はインターナショナル人事」といったように、いくつかのモデルを組み合わせたような形で展開しています。

また、事業ごとに使い分けるだけではなく、「各国の責任者までについてはマルチナショナル人事を使ってローカルでのキャリアパスを確保する、各地域統括リーダーや役員クラスのようにグローバルな経験を持つ必要があるレベルについてはインターナショナル人事で運用する」といったように職層で使い分ける方法も多く見られます。

⁂

「どこを目指して走り始めるのか」を決める

グローバル人事を進めていく場合、最初にその組織がどのモデルを目指すのか、きちんとゴールを定めることが重要です。なぜなら目指すゴールによって、やるべきことや整備するべき人事制度は変わってくるからです。

例えば、マルチナショナル人事を目指す場合、当面、グローバル・グレーディング（世界共通の職務評価制度）を導入する必要はありません。グローバル・グレーディングは、国を越えて人を動かすうえで必要な仕組みですので、それぞれの国や地域に適した現地のスタッフ、リーダーに任せるマルチナショナル人事の場合は必要がないからです。

ゴールを定めてからグローバル人事を進めていかないと、やるべきこととやらなくてもいいことの取捨選択ができないばかりか、必要のない制度の導入にコストと時間をかけてしまい、事業推進の妨げになってしまう危険すらあります。

どのモデルを目指すべきなのかは、41ページにあるように、その事業の特徴や段階、事業環境や今後の方向性といった、事業の在り方によって自ずと決まってきます。

グローバル人事に初めて取り組む日本企業の場合、まずはマルチナショナル人事を目指し、現地のリーダーや本社から現地に送り込むナンバー2人材を育成していくところあたりが最初のステップになることが多いでしょう。

その際も、他社の事例を参考にするよりも、まずは自社の状況、そして事業そのものをしっかりと分析することが第一歩です。

グローバル人事でなによりも大切なのは、事業戦略との整合性です。事業と連動しないグローバル人事はなんの意味もありません。

事業の動きに合わせて、「中国の事業を伸ばす計画なので、中国を含めたアジア地域について、現地のニーズにより細やかに対応し、かつ事業が安定的に継続できるよう、まずは現地法人トップの現地人材化を目指して、サクセッション・プランニングをやっていこう」といった具合に、人材によって事業をバックアップするような施策を考え、実行していくのが人事の役割です。

日本企業と海外企業、人事はどう違う?

自社に適したグローバル人事の方向性を見定め、いざ、グローバルに様々な施策を進めていこうとする際、壁となって立ちはだかるのが、「日本企業と海外企業との人事の違い」です。日本社会はしばしばガラパゴスと揶揄されますが、日本企業の人事も世界的に見るとかなり特殊なものとなっています。

とはいえ、決して日本企業の人事が海外企業よりも劣っているというわけではありません。良い部分もある一方で、グローバル化を進めるうえでは課題となる部分もあるということです。

グローバル人事を進めていく場合は、海外企業で一般的な人事のやり方を知るとともに、日本企業と海外企業、それぞれの人事の違いを把握しておく必要があります。
そこで、ここでは日本企業と海外企業の人事慣習の違いを整理してみましょう。

日本企業の人事慣習の代表的なものとして、「職能資格制度」「長期雇用」「新卒一括採用」があります。

これらの人事慣習は、高度経済成長期および人口増の局面では非常に効果的に機能していました。新卒一括採用によって、安定的に人材を確保することができ、長く働けば働くほど序列が上がる職能資格制度によって、若い社員の給料を低く抑えることができ、長期雇用を保障することで、強い帰属意識を持ってもらうことができたからです。

しかし、事業環境が変化し人口減少が進む現在においては、マイナス面も見えてきています。ビジネス環境が多様化し、目まぐるしく変化しているなかで、グローバルに事業展開するには、その職務に最適な人材をスピーディに登用して成果につなげていくことが求められます。

そして、日本企業における旧来の人事慣習がそれを阻んでいる面があるのです。

日本企業の人事慣習

●職能資格制度

企業の期待する職務遂行能力をどの程度有しているかによって社員の序列づけを行い、職能給として賃金に反映させる制度

⬇ マイナス面 能力主義により、成果と報酬のアンマッチが発生。年功序列制度を醸成し、若手が伸び悩む

●長期雇用

同一企業で定年まで雇用されるという、日本の正社員雇用における慣習。定期昇給制度や退職金制度の導入によりこの慣習が一般化した

⬇ マイナス面 雇用が硬直化し、事業の再編やビジネスの変化に組織と人が対応できない

●新卒一括採用

企業が卒業予定の学生（新卒者）を対象に年度ごとに一括して求人し、在学中に採用試験

を行って内定を出し、卒業後すぐに勤務させるという雇用慣行。長期雇用を前提として機能している

⬇ **マイナス面** 横並びの処遇が根づき、思い切った抜擢や中途採用がしづらく、制度上も対応できない。事業の成長スピードと人材の成長スピードにギャップが発生する

一方、海外企業（特にアメリカ企業）の一般的な人事慣習を整理すると、「職務等級制度」「有期雇用」「職種別通年採用」になります。

新人からじっくりと育てていく日本企業の人事慣習とは正反対に見えるものばかりですが、必要なときに必要な能力や経験を持った人材を充てることができるので、変化に対応してスピーディに事業を展開していくうえでは、有利な方法です。

しかし当然ながら、マイナス面もあります。

一番の問題は、海外ではもともと人材流動性が高いこともあり、退職リスクが高いことです。優秀な人材の流出リスクについては、どの企業も常に頭を悩ませており、大きな課題となっています。

人材育成は、長期雇用が前提にあってこそリターンのあることなので、優秀な人材が流出するというのは、やはり経営に対して非常にネガティブな影響があります。

海外企業の人事慣習

●職務等級制度

職務の内容を「ジョブ・ディスクリプション（職務記述書）」として明確にし、その内容により等級を区分する制度（職務を分析・評価する）

⬇ マイナス面 ポジションや仕事に対して報酬が決まり、人が配属されるため、報酬が下がるポジションや仕事への配置転換は退職につながりやすく柔軟な異動を行いにくい

●有期雇用

定期昇給や退職金制度が存在しないことが多く、長期雇用を前提としていない

⬇ マイナス面 常に優秀な社員を認識し、引き留める努力をしなければ、優秀な社員ほど流出してしまう

●職種別通年採用

欠員があったときに必要な要件や人数を明確にして募集を行い、職務をこなす能力・スキ

ルを備えている人材を採用する

⬇ マイナス面 優秀な人材の獲得競争に常にさらされ、企業ブランド力が採用力に直結する。人件費や採用費が高騰する

人事のグローバル化を進めていくにあたっては、日本企業と海外企業の人事慣習には大きな違いがあることを踏まえておく必要があります。

しかし、グローバル人事を行うからといって、海外企業に合わせることが必ずしも正しいわけではありませんし、日本の人事制度を大きく変えることを強いられるわけでもありません。

ただ、制度そのものよりも、その運用やポリシーについてはグローバルの標準に合ったやり方に変えていく必要があります。

では、具体的にどんな点を変えていけばいいのでしょうか。

日本の人事が変えるべき三つのポイント

私は、日本企業がグローバル人事に挑戦する際、どうしても変えざるをえない人事の考え方として、次の三つがあると思っています。

●結果人事→計画人事

日本企業の人材育成システムは、基本的に年次管理で、同期が横並びで上がっていき、長い時間をかけ、一定の年齢になったときに結果的にリーダーらしい人が育つのを待つ、というシステムです。

しかし、そうしたやり方では、事業戦略に合わせてその戦略実行に必要な若手リーダー人材を選抜して育成する、といったことができません。

グローバル人事では、目指すべき人材の配置計画に基づいて、必要な価値に合った人材の育成を計画的に行う必要があります。特にグローバルで活躍できるリーダーを育てるには、若いころから様々な経験を意図的にさせて、育成や人材配置を行わなくてはなりません。

●主観人事→客観人事

日本企業では、上司や組織の主観による人材評価が重んじられている傾向がまだまだ強く、上司との相性や上司の見方によって評価の違いが出やすいところがあります。

しかし、グローバル人事の場合は、様々な国や地域の多種多様な人材を評価するため、客観的な共通指標に基づいた評価を行う必要があります。

●密室人事→透明人事

日本企業では、多くの場合、人事異動は密室で決められます。大企業では、人事異動の時期になると1週間ほど人事部が部屋にこもり、異動候補者の名刺を壁一面に貼って異動案を練るといった話も聞きます。

しかしグローバル人事においては、人事異動を密室で決め、決定についての説明もなく辞令を出すなどということはありえません。評価や処遇の決定プロセスを明らかにするなど、公正なルールに基づいた透明性の高い人事が求められます。

グローバル人事に挑戦する日本企業にとっての三つの課題

結果人事	→	計画人事
主観人事	→	客観人事
密室人事	→	透明人事

結果人事から計画人事へ

結果人事	→	計画人事
一定時期まで、同期が横並びで処遇される。一定の役職の適正年齢が自然と設定され、同期または同年代との競争となり、ある年齢時期における評価が高い人材が順次役職に就く。		海外において同期入社という概念はないため、目指すべき人材の配置計画に基づいて、必要な価値に合った人材の育成を計画的に行う。年齢や経験年数に関係なくニーズに合わせ意図的に育成を行う。
平等性を重視		**リスク管理を重視**

主観人事から客観人事へ

主観人事	→	客観人事
部下と上司とのコミュニケーションが非常に密で、上司や組織の主観による人材評価が重んじられる。よって上司との相性や上司の見方によって評価の違いが出やすい。		評価基準が明確に決められ、客観的な共通指標に基づいて評価が行われる。そのため、基準となっている指標に合った成果が収められない場合、優秀な人材であっても評価が低いことがある。
人を評価する		**仕事を評価する**

密室人事から透明人事へ

密室人事	→	透明人事
評価や処遇がどのようなプロセスに基づいて決定されるのか、また評価結果そのものも社員本人に公表されない。配属や処遇についても、暗黙のルールが多く社員に説明されない。		評価や処遇の決定プロセスが公開され、評価結果やその理由が社員本人に公開される。処遇そのものの決定は管理職や人事部によって行われるが、ルールは社員に説明される。
上司や人事への信頼に頼る		**評価の仕組みへの信頼に頼る**

グローバル人事とはなにをすることなのか

このように基本となる考え方を踏襲しながら、実際にグローバル人事を始めるためには、いったいなにをするべきなのでしょうか。課題は大きく三つあります。

①人材の需給をグローバルで把握すること……経営と人事の一体化
②計画的に人材を育成すること……事業戦略のブレを人材戦力で埋める
③グローバルで人材を組織として機能させること……組織開発・組織活性化

①人材の需給をグローバルで把握すること……経営と人事の一体化

グローバル人事を進めていくうえで最初にやるべきことが、人材の需給をグローバルに見ていくことです。

昨今、「タレントマネジメント」と盛んにいわれますが、そもそも、なんのために優秀な人材を採用したり、育成したりするのかというと、事業計画に合わせてタイムリーに必要な人材を供給できるよう、人材の需給のギャップを計画的に埋めていく目的があるからです。

ですので、まずはグローバルに人材需給ギャップを見ていくことができていない限り、そもそもタレントマネジメントをいくらやっても、なにを目的に、またなにをゴールとするのかが見えないので、成果も把握できません。

特に重要なのが、「事業計画に沿って未来の人材の需要、ニーズが把握できているかどうか」という点です。海外を含め、ニーズを把握できていなければ、どんな人材を・いつまでに・何人・どのように育成すべきなのか、といったことが決められません。

「これから3年かけてアジア5拠点でグローバルビジネスを展開する」といった事業計画があって初めて、計画実行のためにどのようなリーダーが何人必要なのか、日本人だけでなく外国人も必要だ、といったことがわかってきます。

よく、「グローバル・リーダーとはいったいどのような人物なのか」という議論がありますが、それは闇雲にスーパーマンを育てようとするようなもので、あまり意味がありません。「まずはアジア5拠点それぞれのビジネスを牽引できる人材と、アジア全体を統括できるリーダー候補者を選んでいく必要がある」という需要を具体的に把握し、「そのためにまずは部長職以上の人材と、海外法人での管理職経験がある人材について、日本とアジア全拠点、および事業の関連が深いヨーロッパを対象に詳細に把握しましょう」という具合に、人材の供給について具体的に考えなくてはいけません。

タレントマネジメント：人材の需給をタイムリーに合わせていくこと

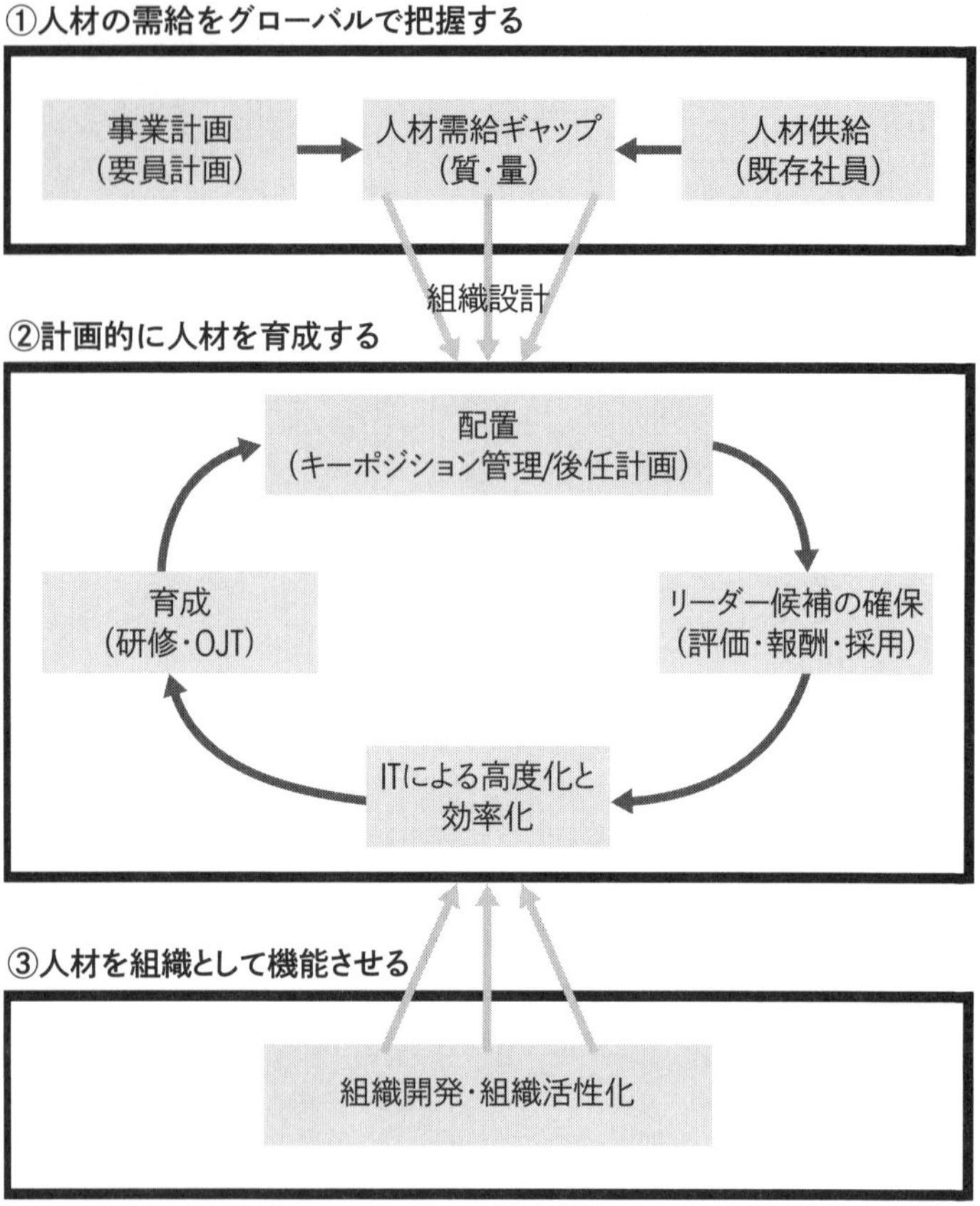

このように、人事は事業計画をきちんと把握し、密接に連動した形で人事計画を立てていくことがなによりも重要です。

これまでの日本企業の人事は、年次や役割ごとの教育には力を入れているものの、経営との距離が遠い場合が多かったように思います。

しかし、グローバル人事を進めるにあたっては、経営層と情報交換をする機会を頻繁に持つなど、経営との距離を近づけて、人材需要、ニーズを把握することが不可欠になってきます。人は急に育つわけではありません。数年から10年単位での取り組みで育つものであり、人事こそ、より遠くの未来を見据えなければなりません。

しかし、実際には経営会議や中期経営計画の策定の議論に、人事が直接関わっていない企業はまだ非常に多いように感じます。

経営者は最も遠くが見えているはずです。そして人事は常に経営と同じ視点で、事業における人に関する需要、ニーズを把握し、数年後のあるべき姿を目指して、それに向けて計画的に経験を積ませたり、能力を高める機会を与えたりしなければなりません。

また、人事は、海外を含め、自社の社員についての情報をきちんと把握しておく必要があります。それぞれの社員が、どのような経験や能力、強みを持っているのか、詳細に把握していなければ、事業推進に適した人材の供給を計画することもできないからです。

グローバル人事の難しさ：経営と人事は一体化しているか

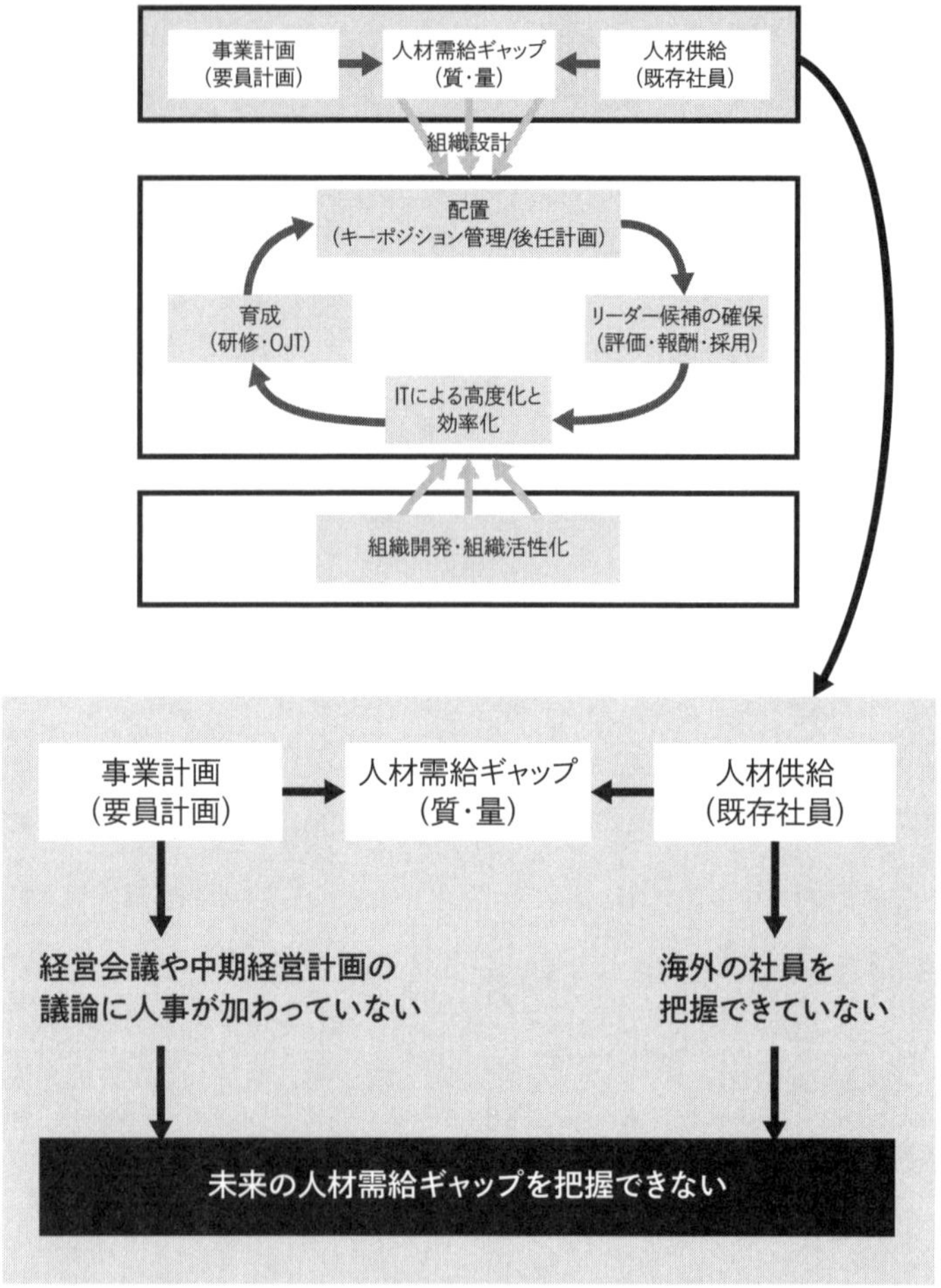

Appleと Microsoftの人事戦略の比較

事業戦略をスムーズに実現できるよう、最適な人事戦略をいち早く取り入れて実行することの重要性を示す一例として、Apple と Microsoft の事例を取り上げましょう。

Apple は iOS 10という iPhone の新しいＯＳを６００人の開発者で2年間かけてつくりました。一方、Microsoft は Windows Vista という新しいＯＳを1万人の開発者で5年間かけてつくりました。

単純な比較はできませんが、この二つのＯＳ開発を比べると、やはり Apple のほうが生産性が高いといえるのではないかと思います。

では、この違いはなぜ生まれたのでしょうか。

「Apple には優秀な人材が多くいるからではないか」と思われるかもしれませんが、Apple や Google などの先進ＩＴ企業に優秀社員がいる率は16％、アメリカの平均的な企業では15％ということで、普通の企業とそれほど大きくは変わらないとの調査結果もあります。

実は Apple では、この６００人に対して2年間、「個人」の目標を持たせることをしませんでした。iOS 10を開発するという、「チーム」の目標だけを持たせて、全員で共通の目標

戦略領域への重点配置

	iOS10		Windows Vista
	600人	vs	10,000人
	2年	vs	5年

Fast Company "Why Employees At Apple And Google Are More Productive" 2017/03/13 から抜粋

を追いかけさせたというわけです。すると、全員が協力しあって、とにかくiOS 10を開発するということに向かって仕事し、自分の仕事が終わったら、他の人の仕事を手伝うということが自然に発生するようになりました。

一方、Microsoftでは、1万人の開発者が、従来どおり個人の目標を持って開発を行いました。すると、当然ながら、自分の担当分が終わった社員は、他の開発者の担当分は関係ないので手伝うことはありませんでした。これは、両社における個人の能力や仕事の質の差というよりも、人事戦略の違いによって生まれた差といえます。

Appleは、事業戦略をもとに「この期間でこの製品を開発しなければならない。開発要員として最適な人材を選び、その人たちに一番活躍してもらうために、どのような評価制度をつくって、どう動かしていこうか」と考えて実行したわけです。

人事が経営戦略と連動することによって、生産性を高め、事業推進に貢献できるということを示す好例のように思います。

②計画的に人材を育成すること……事業戦略のブレを人材戦力で埋める

事業計画を推進するための人材ニーズをグローバルに把握したら、次は、今どんな人材がどこにいるのかを把握し、ニーズに合わせて人材を供給できるよう、将来に向けて計画的に採用、育成、配置をしていきます。数年後のあるべき姿を目指して、どのように人を配置していきたいのか、どういった人員構成にしたいのか、どういう人を育てるべきなのか、といったことを定義し、それに向けて候補者たちに計画的に経験を積ませ、能力を高められるように育成していくのです。

といっても、昨今の変化が激しい時代においては、事業計画が突然変更になる可能性もありますし、そもそも確固とした中長期経営戦略を定めることが非常に難しいといえます。また、中期経営計画の途中でトップが変わって戦略が大きく変わるということもあるでしょう。

だからこそ、「事業戦略はある程度ブレることが当然であり、戦略の変化に柔軟に対応した企業が勝つ」と考えることが大切です。

そして、事業戦略のブレを埋めて、継続的な成長を支えるのが人材戦力です。例えば、事業戦略上重要な市場がアメリカからイギリスに変わったとしても、あらかじめアメリカでだけでなく、ヨーロッパやアジアの人材も育てておく。そしてアメリカでのノウハウを基に、イギリスで素早く事業展開できるよう人材を準備しておく――これが人事の仕事です。

また、海外では特に、優秀な人材が突然退職してしまう可能性が高いといえます。未来は予測不可能であることを前提に、どんなことが起きても対応できるよう、主要なポジションについてのリスクヘッジとしてサクセッション・プランニングを持っておくとともに、後継者候補が枯渇してしまわないよう、次の世代のリーダー候補者を育成しておかなければなりません。

グローバル・リーダーは、勝手に育つものではありません。どれほど優秀な人材でも、経験を積むなかで学び育っていくものです。だからこそ、未来の可能性とリスクに備え、計画的に人材戦力を整える、育成することが求められるのです。

具体的な施策は、人材戦略が目指すゴールによって、やり方が大きく異なってきます。詳しくは第3、4章で解説していきます。

③グローバルで人材を組織として機能させること……組織開発・組織活性化

グローバルで人材育成を行い始めると、一つの壁に突き当たります。

それは、「優秀なリーダーを育成するだけでは、組織としての成果が十分にあがらない場合がある」ということです。また、「いくら研修を行っても、ガバナンスが強化されず、海外現地法人で不正やコンプライアンス違反などが解消されない」といったケースもしばしば見られます。

これらは、社員一人ひとりの、仕事に対する意識や考えがバラバラで、組織として機能していないために起こる状態です。

人が、単なる集団としてではなく、組織として機能するにはいくつか段階があります。最初の段階は「ルールで縛る」という方法です。厳密なルールを用意し、それに従ってもらえれば、間違いは起きにくくなります。しかし働く人のモチベーションは上がりません。

次の段階は、「リーダーに組織を任せる」という方法です。信頼できる優秀なリーダーが教え導き、そのリーダーに社員がついていくという形で強いつながりをつくることができれば自然にパフォーマンスも上がる、ということで、日本企業においても、このリーダー育成に非常に多くの時間を割いているのではないでしょうか。一人のリーダーに権限を集約することで、短期的に組織を機能させることができるという点もメリットです。

一方で、リーダーが異動したり、退職したりすることで急にエンゲージメントが下がるリスクがあるというところが欠点です。

もちろん、優秀なリーダーを育てていくことは、組織運営においては重要な要素です。しかし最終的には、たった一人のリーダーに依存するのではなく、価値観や理念がしっかりと全社員に共有されていて、ルールで縛る必要もなく、またはリーダーが全部監視する必要もなく、それぞれが組織内で役割を持ち、リーダーシップをもって動いていける――そういったエンゲージメントの強い組織こそが、組織として一番成熟している状態、つまり第三段階の組織といえます。

この組織モデルでは、管理職も役割の一つとなり、管理職がすべての決定を行うのではなく、権限と情報は常に双方向に共有されます。役割によって分散されたリーダーシップが複数の柱となって組織を支え、変化に迅速に対応します。

つまり、ルールやリーダーとのつながりによって組織を運営するのではなく、組織文化そのものにつながるような形です。

私はこのタイプの組織を「パルテノン型組織」と呼んでいます。

アメリカのマーケティングコンサルタント、ジェイ・エイブラハムが提唱した「パルテノン戦略」という経営理論に基づいていますが、一本の大黒柱に頼るのではなく、複数のリー

「リーダー型組織」と「パルテノン型組織」の違い

リーダー型組織

一人の強力なリーダーが判断し組織を維持する

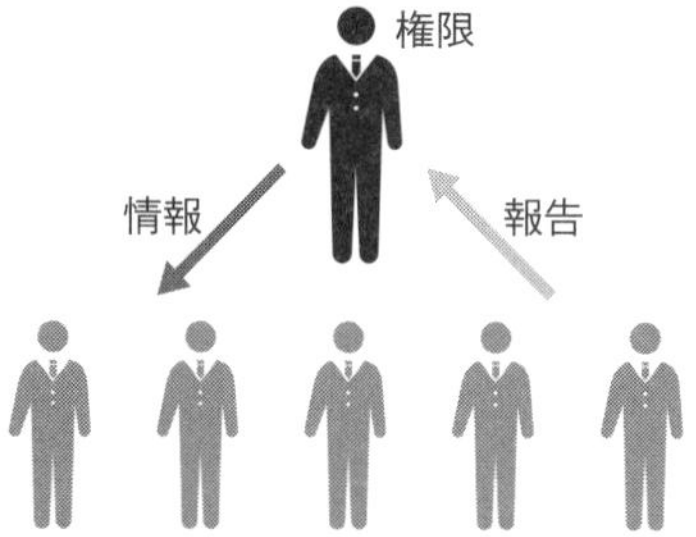

権限が集約されていることで判断の整合性がとれ、
迅速に組織としての機能を立ち上げられる

パルテノン型組織

ギリシャのパルテノン神殿が複数の柱で支えられているように、
複数のリーダーがそれぞれの役割をもって組織を支える

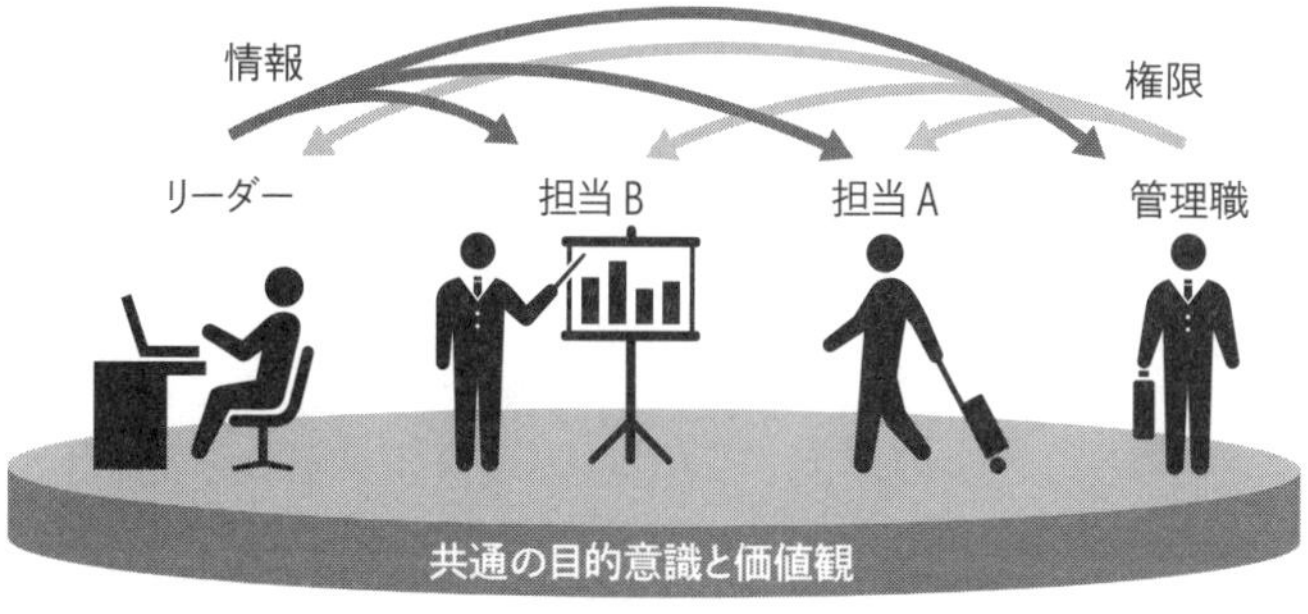

権限と情報が分散・共有され、
変化に対応した判断を素早く行うことができる

ダーによってそれぞれが自立し、支えあう組織が、最も変化に強く、勝ち残る組織と考えています。

例えば、高校野球のような短期決戦は、強力なエースを擁するチームが強いとされますが、近代のプロ野球やメジャーリーグのような長期的なリーグ戦においては、選手個々の調子の変化や、怪我など様々なリスクや変動要素が存在します。

そこで、一人のスーパースターに頼ることなく、複数のメンバーが、チームが目指す野球スタイルを理解し、それぞれの役割を果たしながら自ら判断して行動できる、いわゆる「全員野球」のためのチームづくりが主流となっています。

このように、人を組織として機能させていく取り組みを「組織開発」といいますが、日本国内だけではなく、グローバルで取り組んでいくときには、やはりいくつか気をつけなければならない点があります。こちらは第5章で詳しく解説します。

複雑化する組織設計への対応

グローバルに事業を展開すると、単に人材が多様化するだけではなく、組織運営が複雑になるというところにも難しさがあります。グローバル組織の運営形態は、「リージョナルモデル」「事業部モデル」「マトリックス組織」の3種類に大分できます。

リージョナルモデルは、アメリカ支社A事業部、アメリカ支社B事業部といった形で、国ごとに組織があり、そのなかに様々な製品や事業を抱えているようなモデルです。海外拠点が多い場合は、東アジア地域、北米地域といった形で地域（リージョナル）を取りまとめて統括組織が管理します。単一事業に近い企業がグローバル展開をする場合、この形になります（72ページ）。

事業部モデルの場合は、A事業部ワシントン事務所、B事業部ニューヨーク事務所といった形に、それぞれの事業部の下に地域別の組織がぶら下がるような形態です。その場合、レポートラインはそれぞれの事業部のリーダーへ上げていきます。複数事業を抱えており、それぞれの事業でグローバル化のステージや事業特性が異なる場合、この形になります（72ページ）。

マトリックス組織とは、リージョナルモデルと事業部モデルをかけ合わせたような形の組織です。企業の事業特性に関わらずグローバル化が成熟してくると、地域、事業、また様々な組織機能ごとに細かく採算の分析や業務の共通化を行うようになるため、多くの企業がこの形になります。

レポートラインが事業部組織と地域別組織の両方に存在し、事業部組織も地域別組織も直接指示が出せるため、経営管理の観点で効率化できますが、現場の管理職は、それぞれ異なる内容の報告を上げなくてはいけないという難しさがあります（73ページ）。

これらの組織形態は人事戦略にも大きく影響します。

以下では、それぞれの組織モデルごとに人事戦略上のメリットと課題を見ていきましょう。

●「リージョナルモデル」のメリット

国、地域統括、グローバル本社といった形で、地域的により広範囲を所管する組織が上位にあるため、グローバル・リーダーとして視野を広げるキャリアパスを設計しやすいといえます。ある国のリーダーを地域全体のリーダーに抜擢したり、ある地域のリーダーを異なる地域のリーダーに配置したりすることにより、グローバル・リーダーとして多様な経験を得ることができます。

●「リージョナルモデル」の課題と対策

一方、このモデルを導入した多くの海外企業における問題点として、地域統括組織のリーダーが中間管理職の色合いを強めてしまい、リーダーシップが形骸化してしまうことがよく聞かれます。各国から見れば、「地域統括組織は、現場を知らないのに、グローバル本社からの指示ばかり落としてくるだけ」。グローバル本社から見れば、「大事な情報の確認は、顧客を直接知っている国に連絡するようになる」といった形です。

そこで企業の規模によっては、グローバル本社の管理機能を高め、地域統括本社を撤廃し、グローバル本社が直接各国を管轄するように変わってきている企業もあります。

ただし、このやり方は本社の負担が大きすぎるため、多くの場合は、地域統括本社を残しながら、権限の持たせ方やリーダーの在り方を工夫しています。

最近では、地域統括組織の権限を絞って、各国共通の業務やシステムの管理をするなど、国を横断したサポートやガバナンスの維持といった役割に回るようなケースが多くなっています。

●「事業部モデル」のメリット

事業部モデルにおいては、事業ごとにグローバル組織がつくられていくため、社員が若いうちからグローバルなキャリアを経験できるメリットがあります。

リージョナルモデルの場合、グローバルな経験ができるのはリーダーに限定される傾向がありますが、事業部モデルでは、リーダーだけでなく現場にいる若い間に海外でのキャリアを経験させることができ、特に日本人をグローバル人材として育成するにおいては大きな強みといえます。

●「事業部モデル」の課題と対策

一方、事業部モデルの場合は、「同じ地域に事業部ごとにいくつも組織ができるため、管理コストが増えてしまいがち」「事業部を横断するようなキャリアがつくりにくい」という課題があります。どの事業部に配属されるかは、新卒入社直後に決まってしまうことも多いので、社員にとってはキャリアが限定されてしまいます。よって人事は、様々な事業経験をもつ経営者候補を育成するために、意図的に事業部をまたがるキャリア形成を行うような取り組みを考える必要があります。

●「マトリックス組織」のメリット

グローバルなキャリアを形成していくなかで、多様な経験を積める可能性が増えることが最大のメリットです。地域と事業がクロスして様々な情報共有がなされるため、「リージョナルモデルのように担当の地域範囲を拡大する」「同じ地域の経験を生かして異なる事業を経験する」など、様々なキャリアパスを考えることができます。

また、地域や事業をクロスで取りまとめるリーダーポジションも増えるため、様々なバックグラウンドを持つリーダーを育成することができるモデルです。

●「マトリックス組織」の課題と対策

しかしこのモデルでは、レポートラインが複雑化するため、リーダーのコミュニケーション能力が組織運営の成否を分けることになります。先行してマトリックス組織を採用した多くの海外企業では、この点を十分に意識しなかったため、様々な内部衝突が起こる傾向にありました。

最近では、多様なコミュニケーションスタイルを身につけるためのトレーニングが注目され、多くの企業のリーダーシップトレーニングに導入されています。

また、あまりにも複雑な組織は、社内の政治力に長けた「内向きの」リーダーを輩出しがちとなるので、組織管理上はマトリックス組織であっても、レポートラインはなるべくシンプルに一本化し、指揮系統を単純化するという工夫が多くなっています。

リージョナルモデル

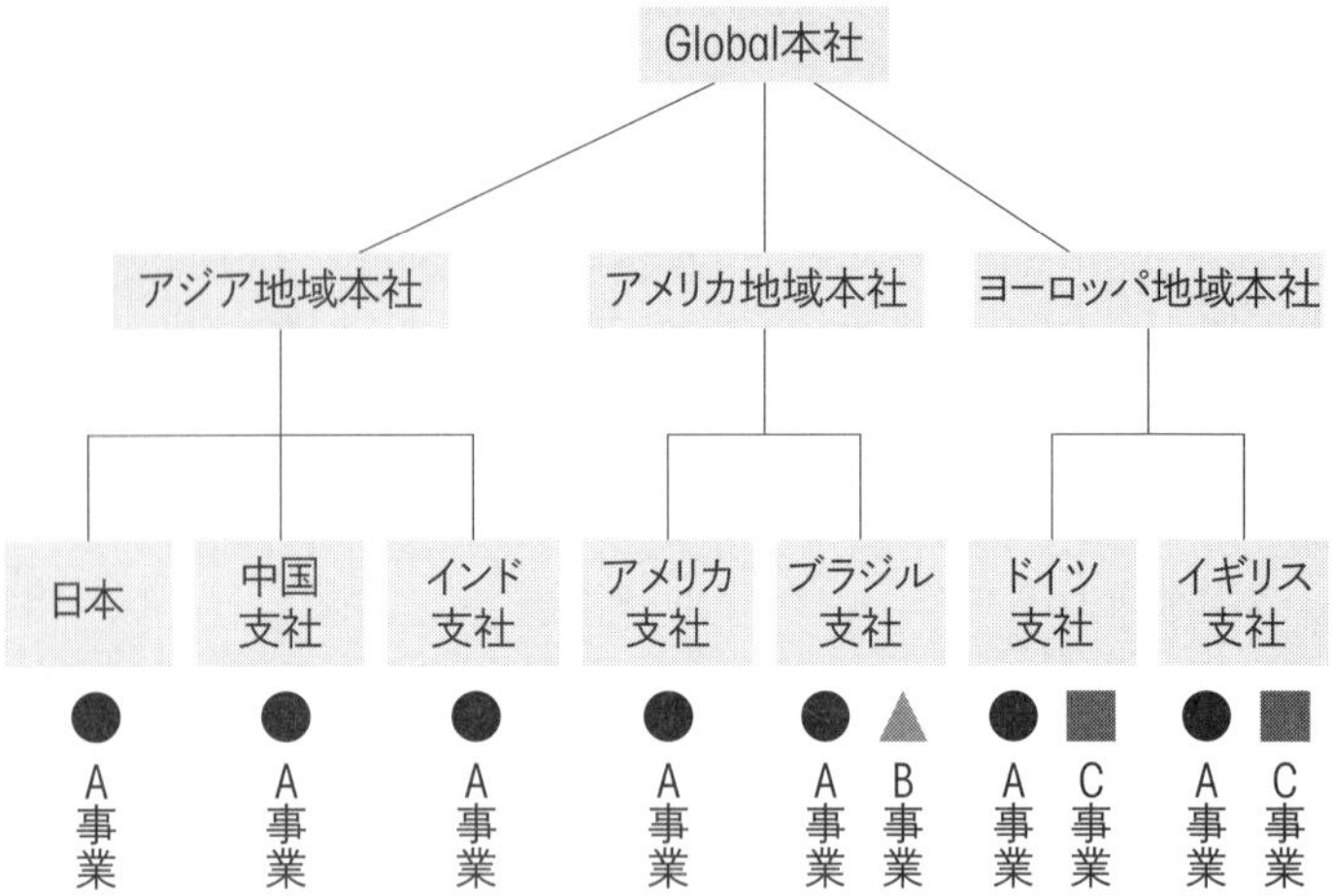

事業部モデル

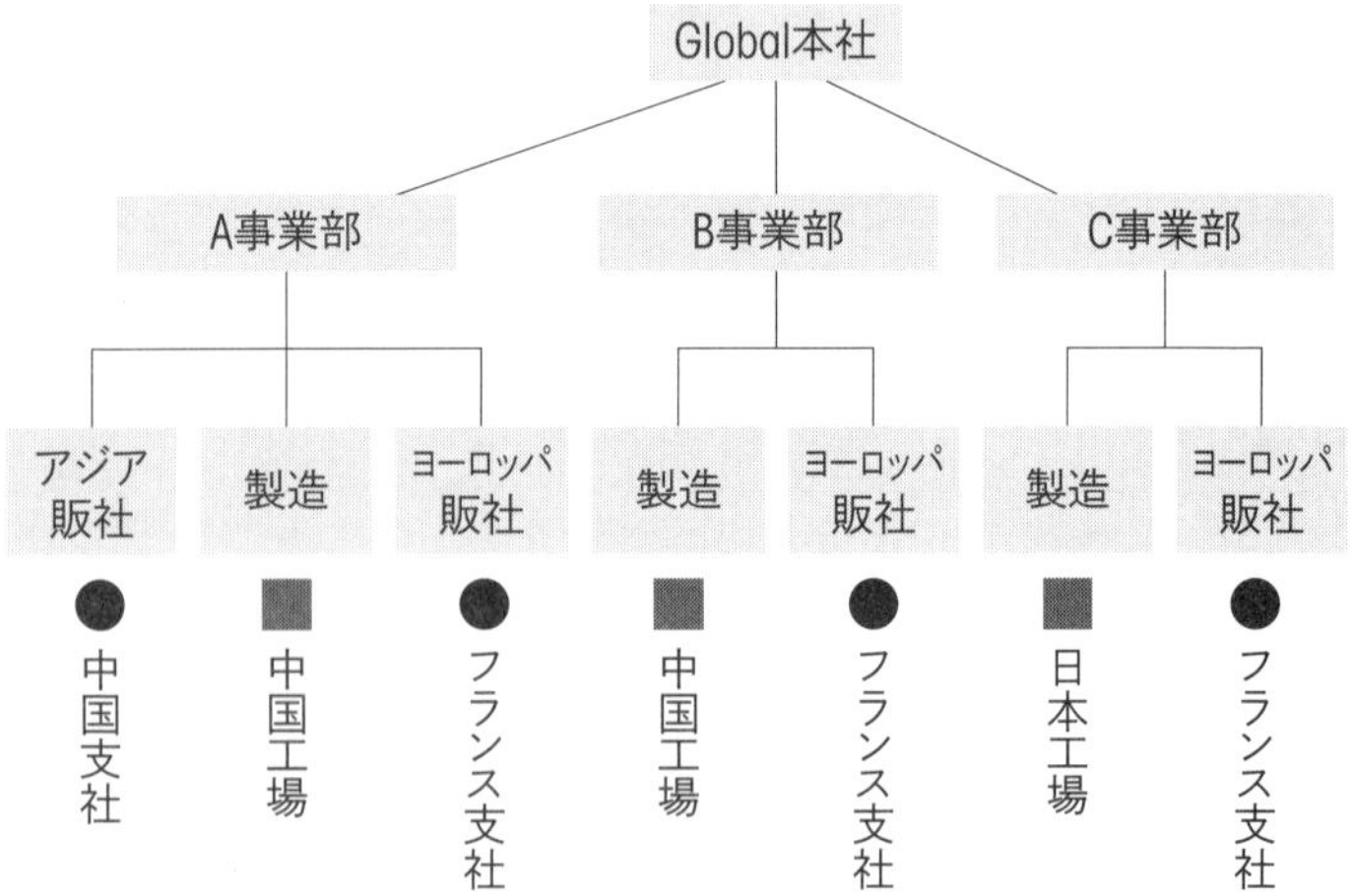

マトリックス組織モデル

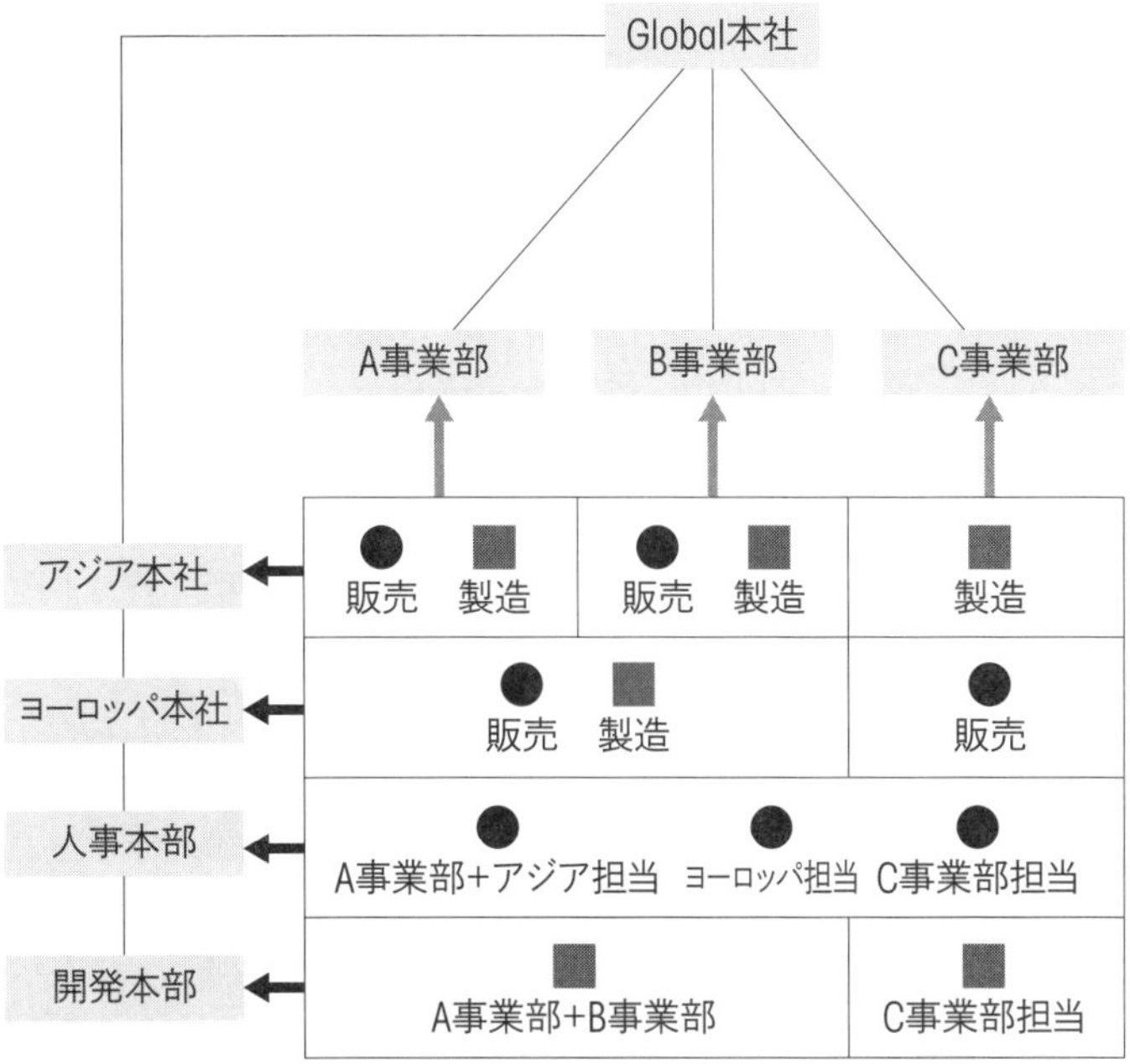

ケーススタディ

1

パナソニック株式会社
コーポレート戦略本部 人材戦略部長
三島茂樹氏

1987年4月、松下電器産業株式会社（現パナソニック株式会社）入社。同社事業部門・本社部門にて一貫して人事畑を歩み、組織責任者および事業・組織構造改革等のプロジェクトを担当。2016年4月より人事・採用・教育等の同社本社部門を統括する役割に就く。

ここで、グローバルな経営戦略に応じて人事戦略を実行している企業事例を紹介します。事業は常に変化するものです。その変化に対応するためにも、人事は未来を見つめる戦略性が必要となります。パナソニックは、事業の変化とともに人事の在り方を明確に定め、今を支える人材、数年後、さらには次の100年を支える人材について経営とともに議論し考え抜いています。人を大切に考える企業精神だからこそ、「事業を支える人事」に徹する重要性を理解することができます。

事業改革と人材戦略

パナソニックは、1918年に松下幸之助氏が創業した日本を代表する総合電機メーカーです。しかしリーマンショック後、プラズマテレビや携帯電話事業の不振などにより、2011年度と2012年度に巨額赤字を計上。再建を託されたのは、創業家以外では最年少で社長に就任した津賀一宏氏でした。

津賀社長は、本社機能のスリム化、事業部制の復活といった構造改革とともに、プラズマテレビからの撤退、BtoB事業へのビジネスモデルの転換といった改革を次々に断行し、2013年度決算で黒字に転換。以後、見事なV字回復を見せています。

2012年に始まったこの「津賀改革」の推進力の一つとなったのが、グローバル人材戦略です。コーポレート戦略本部 人材戦略部長の三島茂樹氏にお話を伺いました。

最大の課題は、日本中心のメンタリティ

津賀社長は就任後、本社に「コーポレート戦略本部」を設置。これは改革を迅速に進める

ために経営トップと行動をともにし、意思決定をサポートするチームとして位置づけられた組織で、そのなかで人材戦略を任されたのが三島茂樹氏でした。

三島氏はこのときに感じていた課題について次のように語ります。


日本中心の意思決定、日本人だけでなんとかしようとするメンタリティ。とにかく最大の課題は、日本中心であるということです。


三島氏は、パナソニックをグローバル市場で勝てる企業に押し上げていくためには、日本を中心に人材戦略を考えていたのでは無理があると考え、人材戦略部のミッションを次の2点としました。

1点目は、グローバルにおける継続的な成長を支えるため、経営を担うキーポジション（執行役員、事業部長）のサクセッション・プランニング（後継者育成計画）をグローバルに立案、実行すること。

2点目は、同グループ内の四つの社内カンパニー間のクロスバリューイノベーションを支えるため、人材の流動化を促進すること。将来の成長に向けた長期視点の取り組みをグローバル／カンパニーワイドに行うことで、付加価値を創出し、事業成長に貢献していくというものです。

キーポジションの人事を〝見える化〟したのは、非常に大きな変化です。実はそれまで、経営に関わる重要なポジションの人事は、経営トップと人事責任者がディスカッションし、決めていました。

これは「ものをつくる前に、人をつくる」という言葉を残した松下幸之助にとって、〝人をつくる〟責任を負う執行役員／事業部長の任命は極めて重要な人事と考えたからです。しかし、当時5000億円規模であった松下電器は、今や世界中に事業を展開する7兆円企業です。今の規模で当時の理念を具現化するには、全社の成長戦略や組織戦略という経営の意思を汲みながら、人事の透明性、客観性が担保された、基準が明確な仕組みをつくっていくことが必要だと考えました。

パナソニックが2013年度に導入した仕組みとは、具体的には次の二つでした。

一つは、「事業部長」候補人材に複数の「事業」「国／地域」「職種」を各3年程度経験させることを基本としたキャリア開発を行う仕組み。もう一つは「執行役員／事業部長」候補人材を選抜・育成していくための「タレントマネジメントコミッティ」を立ち上げ、経営トップ（社長、カンパニー長他）が2カ月に一度、グループの成長戦略、組織戦略と連動したキャリアデベロップメントについて議論する場の設定です。

執行役員候補はすべて、議論の対象となります。また役員の選任にあたっては、独立社外取締役を委員長とする指名・報酬諮問委員会で審議し、取締役会で決議をしています。

■グローバル人事への転換

さらに、パナソニックの人事が日本中心からグローバル人事へと移行するにあたり、どうしても見直すべき人事制度がありました。それは「職能資格制度」です。

日本以外の海外現地法人はすべて、国籍・性別・年齢にかかわらず役割と責任に応じて処遇される役割等級制度になっているのに、日本だけが個人の能力を評価し、年功的に昇進していく職能資格制度だったのです。

我々がグローバル市場へ進出していくためには、日本人であっても外国人であっても、一番マーケットに近いところで迅速に意思決定できる人をリーダーとし、彼らに責任・権限を委譲していく必要があります。そのようなアサインメントの実現に向けて人の意識を根底から変えていくには、職能資格制度を変えることが必須だと考えました。

そこでパナソニックは、日本の全社員を対象に、2014〜2015年にかけて段階的にグローバル共通のモノサシとなる「役割」「職務」ベースの「役割等級制度」への転換を図りました。

2016年度には、社長方針として「新たなグローバル人材戦略」を発信。グローバルに事業創造、成長を牽引できる人材を配置し、国籍、社歴に関わらない活躍を支援すべく「グローバル人事プラットフォーム」の整備を開始。まずは、役割等級(グレード)、報酬、人材データベースといったコアの部分に着手しています。三島氏は、特に優先順位が高かったのはグレーディングの部分だったと話します。

グローバルに人材育成やアセスメント、キャリアデベロップメントといったことをやろうとすると、まずはグレードがしっかりしないと法人や国を越えた人事異動は難しいのです。これらに続いて、経営理念を行動基準として整理したグローバル・コンピテンシーを導入しました。さらに、人材評価の考え方・基準をグローバルで共通化するためのパフォーマンスマネジメントを導入していきます。

数年のうちに人事マネジメント上の大改革が行われたわけですが、経営リーダー層の多くは理解を示していたといいます。

日本に今ある責任・権限を現地に委譲してこそ持続的な事業成長を図れるということは、みんなわかっていたのです。そして、35ある事業部の本部がほぼすべて日本にある、という構造に問題があることも。これまでは、日本のカンパニー（事業部）側からグローバルに人材配置を提案する形だったので、当然、トップも日本人が圧倒的に多かった。例えば、事業／経営責任を担うトップ・ポストが海外で１２０ありますが、そこに就く外国人はわずかに30人です。

今始めているのは、インド、中国、アメリカでそれぞれの地域の人事本部に現地のキー人材の採用、報酬設計、定着などの責任と権限を委譲し、彼らがカンパニー側に提案するスタイルをつくること。我々本社は基本となる考え方・ポリシーを軸にコミュニケーションやガバナンスを図りながら現地を支援するような関係でやっていくようにしています。グローバルプラットフォームの活用も地域の人事を主体とし、脱日本中心でやっていくつもりです。

次の100年に備えた新しい人材開発

三島氏はパナソニックのグローバル化が進む今だからこそ、松下幸之助氏の「ものをつくる前に、人をつくる」という言葉を大切にしたいと話します。

やはり創業者が残した原点となる考え方なので。グローバル化を進めるにしても、人事施策の改革を進めるにしても、この言葉をコアにしたいと考えています。

「ものをつくる前に、人をつくる」企業だからこそ、変化の時代に必要なイノベーション人材をどう生み出すのかは、経営トップで話し合われている課題の一つだといいます。

全役員を対象としたディスカッションテーマに、「次の100年に備えた新しい人材開発」があります。そのなかのポイントとして、「イノベーションを生み出す人材の生かし方」を挙げ、みんなで議論する予定です。

個人的には「タレントマネジメントコミッティー」で議論される「執行役員/事業部長」

について、もっと丁寧に個々人の資質を見ていきたいと考えています。例えば、同じ事業の部長でも、担当地域や顧客によって求められる資質は全く異なりますよね。もう一歩踏み込んで細かく人を見ていく必要があります。

三島氏はグローバルに活躍できる人の条件として「分析力、ボーダレス、コラボレーション」の3点を挙げました。

必ずしも優秀な、万能型の人材＝グローバル人材ではないですね。リーダーシップや内省する力は基本となるでしょうが、例えば実行力もあったほうがよいけど、それはチームで補われるかもしれない。

シンプルにグローバル人材に必要な力というと、分析力、ボーダレス、コラボレーション、この三つでしょうか。やはり絶えず変化する状況を分析する力があり、ボーダレスに本質的なコミュニケーションができ、衆知を集めるコラボレーション力がある人ですね。

最後に、グローバルで勝ち続けるため、組織づくりについて大事にしたいことを伺いました。

人づくりから組織づくりにスコープを広げる場合でも、基本は顧客や市場の近くで意思決定できるようにしていくのがポイントだと思います。

これは、どんな業界、どんなビジネスでも、すでにある競争優位性を磨くよりも、「顧客、市場に対して、いかに早く唯一無二のユニークな価値を、スピーディに提供するか」を優先すべきではないかと思うからです。世の中に先駆けて、顧客、市場に届く新たな価値を創出するため、人づくり・組織づくりをするのが原則です。

本インタビューは2017年11月29日に実施しました。

第2章
「人の価値」を正しく測る

この章のポイント

□人の価値は「スキル」「経験」「モチベーション」の掛け算で評価

□新人・若手は「モチベーション」
中間管理職は「スキル」
経営者は「経験」を重視

□グローバル人事パーソンに求められる三つの力
「人の価値を客観的に見定める力」「本音を引き出す力」
「組織の課題を見抜く力」

「人」が最強の経営資源となる時代

一般的に、企業を経営していくうえで必要な経営資源は「人・物・金」といわれます。最近ではこれに「情報」を加えて〝四大経営資源〟ともいわれますが、どの要素も企業経営に欠かせないものです。

しかし、どの要素が企業価値においてより重要視されたのかというのは、実は時代によって少しずつ変わってきています。

次ページの表は、日本企業の時価総額上位ランキングです。

まずは1989年のランキングを見てください。1989年といえば、華やかなりしバブル時代。日経平均株価が史上最高値38957円44銭をつけたのが、この年の12月29日のことでしたから、バブル最盛期です。1位のNTTを除き、上位を独占しているのはメガバンクばかりで、一目で「金」の時代だったということがわかります。

続いて2000年のランキングを見てください。1990年代はバブル崩壊後、国内の消費が振るわず、自動車や携帯電話、電子機器など、製造業が製品の海外への輸出を強めていたため、多くの製造業がランクインしています。このころは「物」の時代であったといえる

時価総額上位ランキング（金から物、そしてサービスの時代へ）

●1989年

1	NTT	21兆円	通信
2	日本興業銀行	13.3兆円	金融
3	住友銀行	9.9兆円	金融
4	富士銀行	9.5兆円	金融
5	第一勧業銀行	8.6兆円	金融
6	三菱銀行	8.1兆円	金融
7	三和銀行	7.7兆円	金融
8	トヨタ自動車	7.6兆円	製造
9	東京電力	7.4兆円	エネルギー
10	野村證券	6.1兆円	金融

●2000年

1	NTT Docomo	18兆円	通信
2	トヨタ自動車	13.6兆円	製造
3	NTT	13.2兆円	通信
4	ソニー	7.2兆円	製造
5	みずほ銀行	6.5兆円	金融
6	武田薬品	6兆円	製造
7	松下電器	5.6兆円	製造
8	セブンイレブン	5.4兆円	小売
9	東京三菱UFJ	5.4兆円	金融
10	本田技研	4.1兆円	製造

●2018年（3月）

1	トヨタ自動車	22.1兆円	製造
2	NTT Docomo	10.6兆円	通信
3	NTT	10.5兆円	通信
4	三菱UFJ FG	9.9兆円	金融
5	ソフトバンク	9.2兆円	IT、通信
6	キーエンス	7.5兆円	製造
7	KDDI	6.8兆円	通信
8	ソニー	6.7兆円	製造
9	ホンダ	6.5兆円	製造
10	任天堂	6.5兆円	ゲーム

でしょう。

では、2018年はどうでしょうか。顔ぶれが大きく変わっているわけではありませんが、よく見ると通信、情報サービスの企業が増えてきており、「物」から形のない「サービス」により大きな価値が見出されていることが見て取れます。

「サービス」の時代において、重要になってくるのが「人」です。サービスを生み出し、サービスの価値の源泉となるのは、「人」だからです。

つまり、企業価値における「人」の価値の重要性が高まっており、特に労働人口が減少局面にある日本においては、今後は「人」の時代になっていくことは間違いなさそうです。

では、「人」の価値とはどういうものだといえるでしょうか。

例えば「金」の価値は、相場によって変動するものなので、コントロールできません。「物」の価値は、最初の取得原価が一番高く、その後は減価償却により目減りしていくものです。「情報」はどうかといえば、今の時代はインターネットにより瞬時に広がってしまうため、こちらもあっという間に陳腐化していきます。

企業価値をいかに高めるか

金の価値

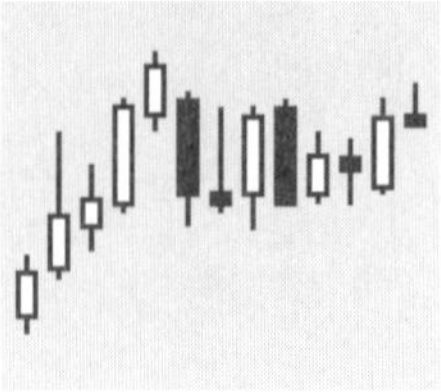

物の価値

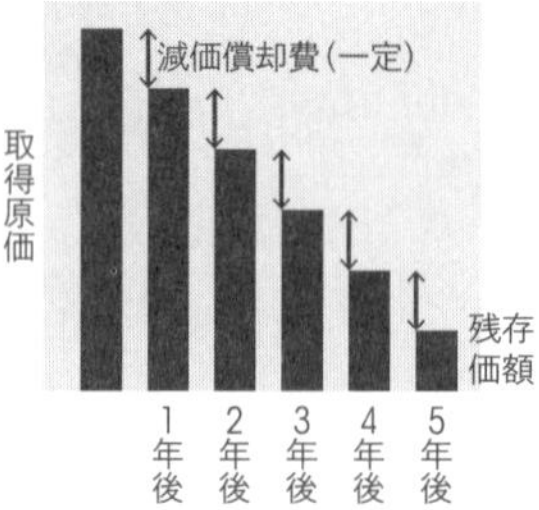

人の価値

ですが、「人」の価値は、その他の経営資源とは大きく異なる特徴があります。

それは唯一、「意図的に高めることができる」ということです。「人」の価値は、適切なタイミングで、適切な人から、適切な方法で影響を与えることで高めていくことが可能です。

しかし、逆に一つやり方を間違えれば、簡単にやる気を失い、成果が出ないということもあります。

つまり、優秀だからといって常に成果が上がるわけではないですし、全員が全員スーパースターではなくても成果がしっかり出るということもあるのです。

ここが、人事部門の腕の見せ所となる場面といえます。

経営資源としての「人」の価値が相対的に高まってきているのは、日本だけでなくグローバル市場においても同様です。

「物」だけの力で世界中のマーケットで勝負できる時代は終わりました。今はそれぞれの国や地域のマーケットのニーズを理解し、製品やサービスを提供でき、顧客の心に入り込むことができる、あるいは新しい事業モデルやサービスを考え、周囲を巻き込んで実行できるような「人」の力が競争優位の源泉となっています。

これからの変化の時代を勝ち抜き、企業価値を継続的に維持していくためには、「人」を有効活用し、その価値をいかに高めていくかということが、重要となってきているのです。

「成果主義は日本になじまない」は本当か？

人材の価値をもう一度考えようとしたとき、最初に取り組まれることが多いのが「人事評価制度」の見直しですが、そもそも人の価値とは、どのようにして測ればいいのでしょうか。

ここではまず、人の価値の測り方について考えていきます。

一口に人の価値といっても、経験の長さで測るのか、スキル・能力で測るのか、事業への貢献度・成果で測るのか——なにをもってその価値を測るのかには、様々な考え方があり、時代とともに変わってきました。

日本企業では、高度経済成長期以降、勤続年数が長くなるほど職務を遂行する能力が高まると見なす職能資格制度が続いてきました。

また、2000年代以降は、パフォーマンスが出ている人を評価しようということで、多くの企業で成果主義が導入されました。

しかし、結果的に当時の日本でもてはやされた成果主義はあまりうまくいきませんでした。うまくいかなかった原因はいくつかありますが、根本的には、成果主義を「個人の成果だけ」を重視する制度だと誤解したことが大きな要因だったように思います。「個人の成果」を目標に設定し、その目標を達成することに集中しても、結局のところ組織の成果につながっていなければ、処遇として反映することには限界があるため、制度としての不整合を起こし、モチベーション低下を招いてしまいます。

また、みんな自分の目標に関係ない仕事に取り組まなくなったので、協力しあう風土が失われたという指摘もありました。

こうした結果から「成果主義は日本になじまない制度だ」などといわれていますが、私は少し違う見方をしています。

そもそも、成果主義というのは事業の成果目標の達成を目的としたものです。

一方、個人目標というのは、目標管理制度の下、事業の成長を支えるための個人の目標、つまり個人の価値を上げることを目的としたものです。

この二つを一緒にして、成果という一つの基準に押し込めてしまったがために、納得感のある評価制度にならなかったのではないかと思うのです。「成果に関する目標」と「個人の価値を高めるための目標」は、それぞれ別に持つことで整合性を保つのが本来の成果主義です。

とはいえ、個人の価値が高まれば、成果も上がりそうなものですが、なぜそうならなかったのでしょうか。それは、個人の価値をどのように測るかということが、多くの場合、勘違いされているからです。

ここで、人の価値を構成する要素について考えるために、ワークに取り組んでいただきたいと思います。

〈ワーク〉スキルと成果の関係を知る

ご自身の職場の同僚、あるいは部下など仕事で関わる人の顔を5人、思い浮かべて名前を書き、それぞれの人のスキルと成果について、5段階で評価してみてください。

いかがでしょうか。このうち、スキルが高くて成果を上げている人、スキルが低く成果も上がらない人というのは納得がいきますが、不思議なことに、スキルがそれほど高いわけではないのに、一定の成果を上げている人、スキルが非常に高いにもかかわらず、それほど成果が上がらない人というのも出てきます（例でいうと井上さん）。

なぜでしょうか。これは成果につながる要素のなかに、スキル以外の要素があるからです。

人の価値の測り方「スキル・経験・モチベーションの掛け算」

成果につながる「人の価値」というと、多くの日本企業では、「スキル」を思い浮かべます。

しかし、スキルが高い人が、常に成果を上げているというわけでもありません。

もちろん、スキルを高めていくこと自体は、ある一定のレベルまでは成果に正比例してい

ワークショップ：スキルと成果の関係

名前	スキル	成果
（例）山田花子	4	4
（例）井上太郎	5	2

「スキル」と「成果」の数字が違う場合、
その理由を考えてみましょう。

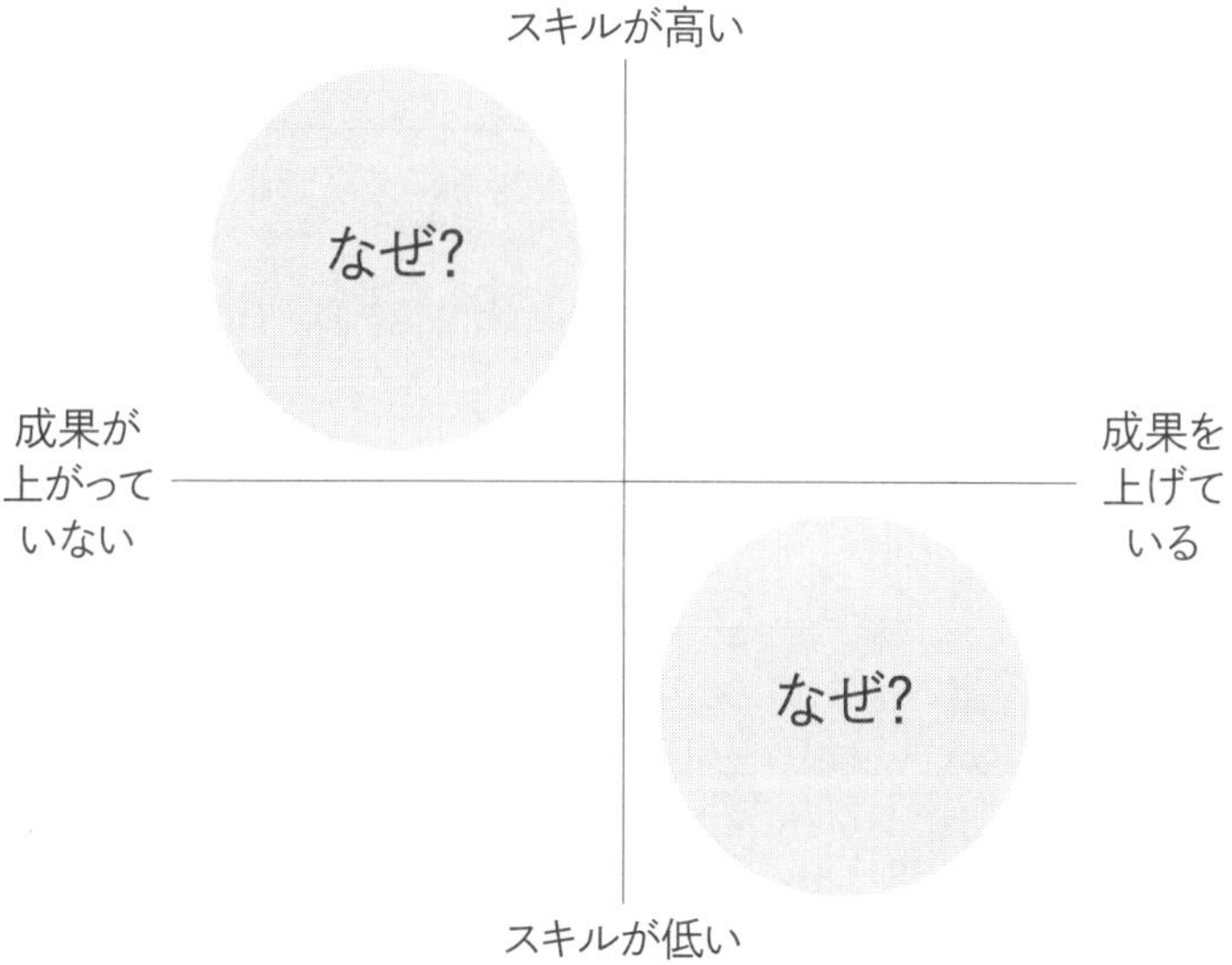

く部分があります。また特殊な技術を必要とする技術職のような仕事においては、かなり高いレベルまでその原則が成り立ちます。

しかし、現代のように情報やノウハウが簡単に手に入る時代においては、ほとんどの仕事において、スキルの高さは成果とは必ずしも直結しません。むしろ、成果を上げている要因を細かく見ていくと、スキルの高さだけでなく、他にも成果につながる要因がいくつかあることがわかります。

なかでも大きいのは「経験」と「モチベーション」です。

海外企業では、「スキル」以上に「経験」を問います。特に管理職やリーダーといった人材には、「なにができるか」よりも、過去に経験した仕事や、直面した判断の内容を問います。ビジネスを進めるうえで、「経験」の差は大きいものです。過去に様々な仕事の「経験」を積み重ねてきたかどうかは、仕事の見通しを立てたり、重要な決断を行ったりする際に差となって表れます。つまり、持っている「スキル」をどう効果的に使えるかは、「経験」次第でもあるのです。

また、これも当たり前のようで見落とされがちですが、「モチベーション」も重要な要素です。

そもそも「モチベーション（＝仕事に取り組む意欲）」が低くては、「スキル（＝優れた能力）」

人の価値=スキル×経験×モチベーション

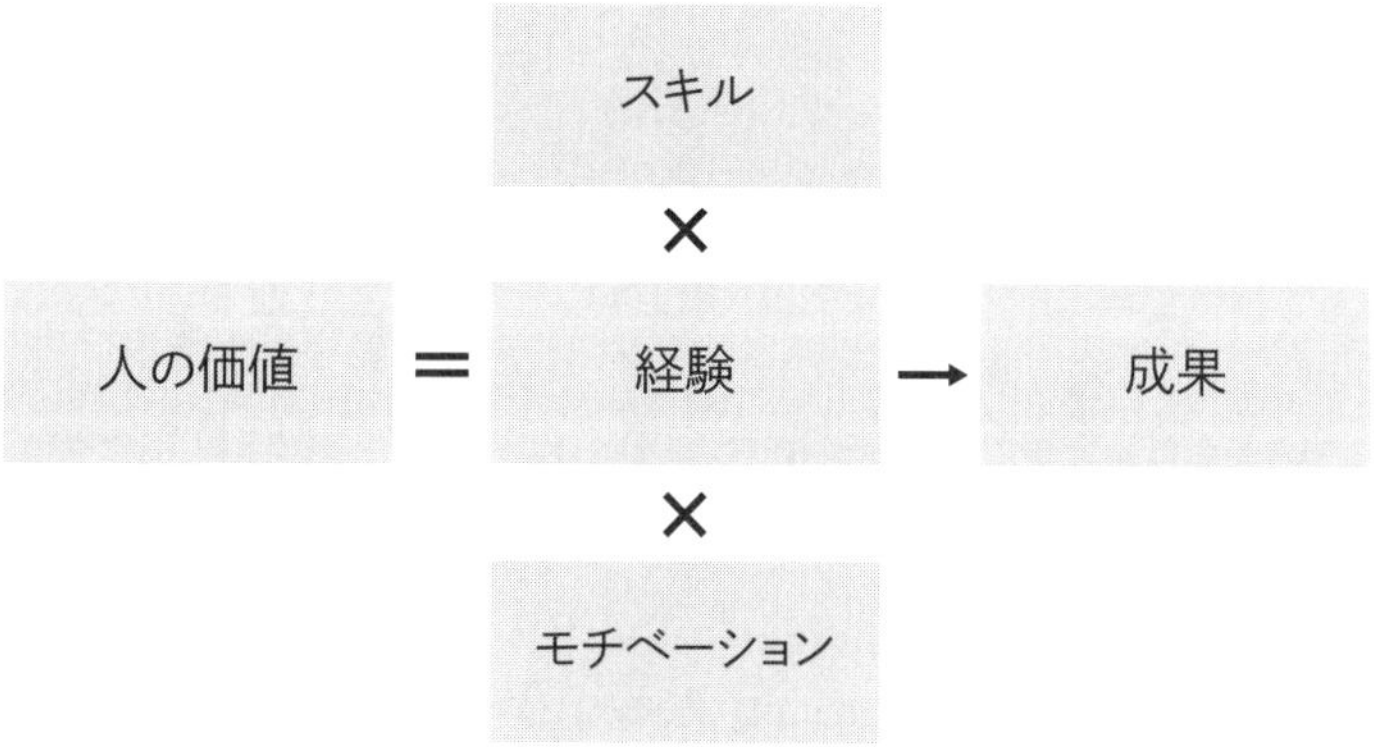

を発揮することもできませんし、仕事を通して成長することも期待できません。

日本では、「やる気があるのが当たり前」「モチベーションは個人の問題なのでどうしようもない」などと思われがちですが、実はモチベーションは、特に若い間はブレが大きく、表面的にはやる気があるように見えても頻繁に変動しています。

モチベーションを継続的に上げていくには、本人と仕事、会社、社会をどのようにつなげていくかが大きなポイントとなり、本人だけでは解決できないことのほうが多いのです。

実際に、「スキル」「経験」「モチベーション」を測るには、「スキル」は知識や技術のレベル、「経験」は判断力や予測力、「モチベーション」は仕事に対して主体的に取り組んでいるか、チームワークができるかどうか、といったところで見ることができます。

例えば、顧客からの値引き交渉に応じるのか否かの判断は、顧客との過去の関係、直近の取引、今回の商談の背景など、様々な状況判断から瞬時に行わなければなりません。この判断の正しさは、「スキル」や「知識」ではなく、同じような場面における「経験」がものをいいます。

また、モチベーションが落ちていると、「新しいことに積極的に挑戦してみよう」「チームや仲間に持っている情報を共有しよう」という意識は極端に下がる傾向にあります。

この話は、車のF1レースに例えるとイメージしやすいかもしれません。

F1レースでは車の性能が良いことは重要ですが、それだけではなく、実際のレースで車を操るドライバーの瞬時の判断力や、ピットクルーたちによるチームワークが揃わなければレースに勝つことはできません。

車の性能は「スキル」、ドライバーの能力は「経験」、ピットクルーのチーム力は「モチベーション」です。

「スキル」だけが高くても、「経験」や「モチベーション」が揃わなければ、結果としてレースに勝つという「成果」を得ることはできません。

極端なことをいえば、仮に多少「スキル」が低くても、「経験」や「モチベーション」によって成果を上げることができればそれでいいわけです。企業の人材育成は、あくまで「成果につながる人材戦力をつくる」ということを目的としなければなりません。

「スキル」に偏った見方をするのではなく、「経験」と「モチベーション」を含めた三つのどこに課題があり、どう伸ばしていくのかを判断することが、成果につながる人材育成といえます。

〈ワーク〉スキル・経験・モチベーションと成果の関係を知る

ここで、先ほどのワークで書いていただいた5人に対して、「経験」「モチベーション」についても5段階で評価し、「スキル・経験・モチベーション」のスコアを掛け算して人材価値のスコアを出してみてください。

人材価値のスコアが出たら、成果を上げているかそうでないかで、もう一度マッピングしなおしてみてください。

いかがでしょうか。一人ひとりの傾向がはっきりと見えてきたのではないかと思います。

ワークショップ：人材価値のスコアリングシート

先ほどの5人に経験・モチベーションの2項目の5段階評価を追加してください。
3項目のスコアを掛け算して、人材価値を算出してください。

名前	スキル	経験	モチベーション	人材価値	成果
(例)山田花子	4	2	4	32	4
(例)井上太郎	5	4	1	20	2

人材の価値と成果を上げるためのポートフォリオ

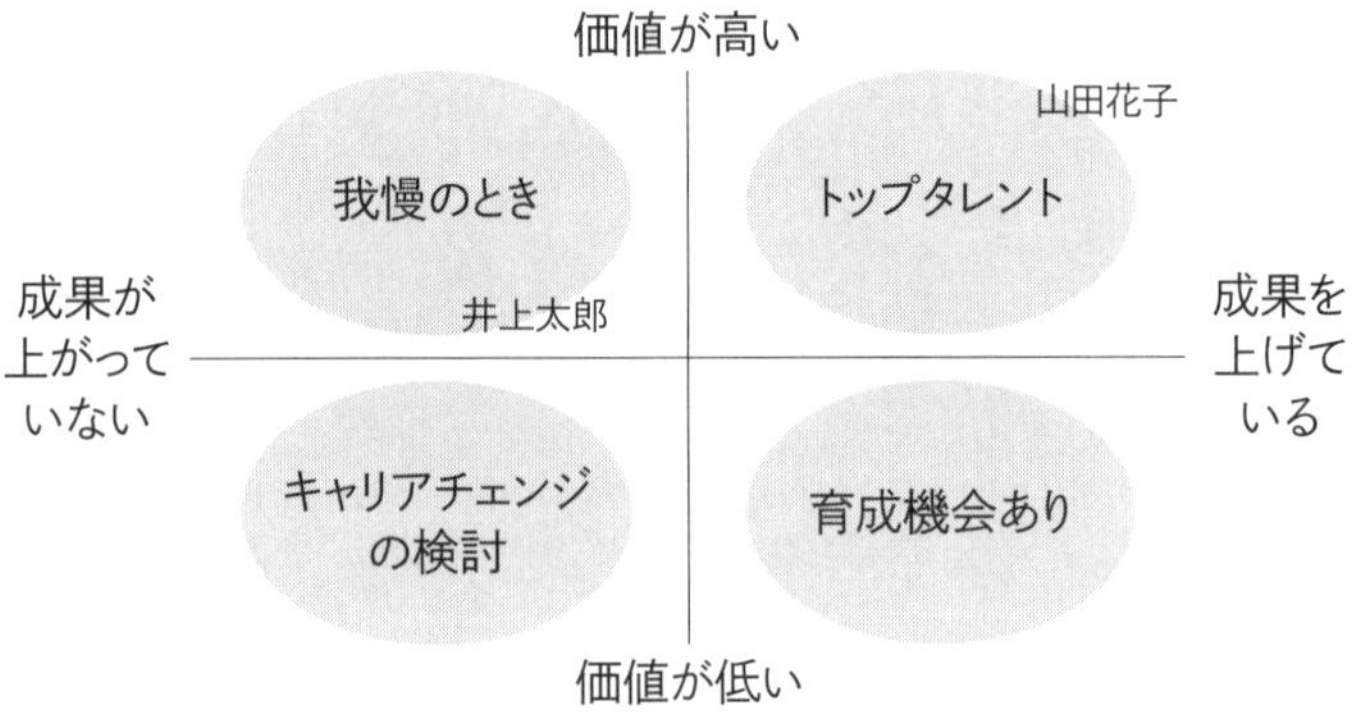

人材価値が高く成果も上げている人はトップタレントです。

では、人材価値が低く成果を上げている人はどうか。不足している部分を明らかにして、育成してあげることで、さらに高い成果を上げることができる可能性があります。

例でいえば、山田さんはまだ経験が多くはありませんが、逆に少ない経験でスキルを獲得し、モチベーションも高い。よって成果が出ることがわかります。こういった人材はまさにトップタレントとして、短い期間で様々な経験をさせて育てていくことができる可能性があります。

一方、人材価値が高いものの、成果が上がらない人に関しては、「これから成果が上がるところだと見て、今の仕事をもう少し続けさせて様子を見る」といった判断がありえます。例では、井上さんがこれに当たります。前回のワークでは、「スキルが高いのに成果が出ない」という結果でした。経験も十分あるのですが、モチベーションが上がっていない。つまりマンネリ化しているということが考えられます。これではやはり成果は出せませんが、「経験も豊富で、それに比例して能力は高い」ということは今の仕事には〝向いている〟のです。

こういう場合は、マンネリ化しているからといってむやみにローテーションなどで仕事を変えるのは得策ではありません。本人の成長意欲の源泉を探り、それに近い内容のプロジェクトや役割を業務のなかで与えることで変化を促します。

では、人材価値が低くて成果が上がっていない人はどうするか。「今の仕事とは違う仕事にチャレンジできるよう、キャリアチェンジを検討したほうがいいかもしれない」といったことが考えられます。

どう判断するかはケースバイケースにはなりますが、人の価値について細かく評価していくことで、それぞれに最適な処遇や育成プランを考えることができます。

海外企業が「経験」と「モチベーション」に注目する理由

海外企業では、一般的に、「スキル」だけでなく「経験」と「モチベーション」を掛け合わせて、より細かく人材の評価を行っています。

その背景には、人材の採用方法が日本と大きく異なるという事情があります。

海外では通常、〝ジョブ型雇用〟といって、職務内容や勤務地などが限定された雇用形態をとっています。多くの場合、新卒採用ではなく中途採用で、職務内容や責任範囲などとともにその業務に必要な知識、スキル、経験などを明記したジョブ・ディスクリプションに合致した人を採用します。

そのため、その人の「スキル」（業務遂行能力）だけでなく、「スキル」を使ってどのように職務を果たせるか、成果を出せるかといった点、つまりどのような「経験」を持っているのかを細やかに評価する必要があるのです。

また、ジョブ型雇用の場合、転職も容易なため、「モチベーション」の低下は成果が出ないどころではなく、離職にもつながります。こうしたリスクを防ぐためにも、その人の「モチベーション」状態を評価することが重視されているのです。

一方、日本企業は「経験」や「モチベーション」を見える化して評価することをしてきませんでした。

これは、日本企業では長く、職務などを限定せず会社というコミュニティの一員となって働く〝メンバーシップ型雇用〟を行ってきたことに関係しています。

新卒から同じ会社にいれば、およそどんな「経験」をしてきたかは想像ができてしまいますし、海外企業に比べて離職のリスクは高くないため、「モチベーション」を見える化して評価する必要もなかったのです。

しかし今後、人事をグローバル化し、変化に対応していくためには、これまで日本企業のなかで評価することがなかった「経験」「モチベーション」といった要素に関しても着目し、細やかに人材の価値を評価していくことが求められます。

人材価値を成果に結びつける：マクドナルドとスターバックスの比較

人材価値をどうやって事業の成果に結びつけていくのか、ということを考えるうえで参考になるのが、マクドナルドとスターバックスコーヒーによる店舗スタッフのマネジメント事例です。

マクドナルドはあらゆる業務について徹底した効率化を進めています。様々な店舗業務の手順に関して細かくマニュアルを作成することによって、新しいスタッフが来ても短期間で業務を覚えることができたり、先輩スタッフが教える作業を短縮することができたり、スタッフによる対応の差が出にくくなったりします。人材不足で優れた人材を確保できない場合も、教育にそれほど時間やコストを費やさずに、店舗を回していける仕組みであり、人件費の削減効果も期待できます。ただ、どの店舗でも同じようなオペレーションができる半面、店舗ごとの差別化はせず、画一的なサービスとなります。

一方、スターバックスコーヒーでは、業務マニュアルのようなものを設けていません。コーヒーを淹れるスキルについては個人に対して資格制度を設けていますが、店舗のオペレーションは全部店長に任されています。店長はスタッフとともに独自の店づくりができるので、様々な経験が蓄積され、店長やスタッフのモチベーションは高まります。ただ、効率最優先ではない分、人材育成にも時間がかかるなど、それなりにコストはかかります。

マクドナルドは、誰でも一定のスキルを得ることができるようにオペレーションを効率化しマニュアルを工夫することで、成果を出そうという考え方であるのに対し、スターバックスコーヒーは、資格制度によってベースのスキルアップをしながら、店舗ごとに裁量を持たせることで経験の蓄積やモチベーションアップを促し、人材の価値を高めることで成果を出そうという考え方です。スターバックスコーヒーがテレビCMを行うことなく、これほど日本でのブランド定着を成功させることができたのは、店舗での顧客体験に着目し、サービスを提供する人材の価値を高めることに徹した結果だといえます。

人材の価値のなにを優先するかについては、それぞれの事業の方向性によって異なります。マクドナルドは、スキルを素早く均質化することに力を入れ、経験やモチベーションの不足やバラつきをカバーすることで、コストパフォーマンスの高いサービスを提供していくことを目指しています。

一方、スターバックスコーヒーは、経験やモチベーションに注目し、育成コストはかかっても、より高付加価値のサービスを提供して差別化することを目指した事業モデルです。どちらの方法も、成果を高めることを目的にしているわけですが、正反対の手法をとっているということがわかると思います。

人材価値と成果の関係は役割によって変わっていく

グローバル人事を進めていくうえで、人の価値は「スキル」「経験」「モチベーション」の掛け算で評価していくことが求められる、という話をしてきましたが、「とはいえ、成果につなげていくためには、どれを一番重視すればいいのだろうか？」と、疑問を持つ方もいるでしょう。

もちろん、人材価値が変動的である以上、先ほどのワークのように原則的には、重要性は個人によって異なるわけですが、実は、重視するべき要素は、その人の立場によって異なる傾向があります。若手、中間管理職、経営者といった、それぞれの役割や立場によって、「スキル」「経験」「モチベーション」のどれを重視すべきかは変わっていくものなのです。

１０９ページの図は「スキル」「経験」「モチベーション」という人材価値の要素が成果に

与える影響を示しています。

新人や若手の担当者には、スキルも経験もほとんど期待できませんが、その分、高いモチベーションが求められます。

モチベーションが高いということは、スキルを身につけようという意欲が高く、モチベーションが低い人よりも成長が期待できます。昔から「新人はガッツがある人がいい」などといわれますが、確かにやる気のある人のほうが教え甲斐もあり、伸びやすいというのは事実としてあるので、特定の専門職を除けば、まずはモチベーションが重要だというわけです。

これが中間管理職になると、圧倒的にスキル重視です。営業部長なら、やはり営業ができる人でないと成果につながりにくくなります。もし営業としてのスキルがないのであれば、管理職としての高いマネジメントスキルが求められます。

経験はどうかというと、例えば営業部長なら、ある程度の営業経験は必要ですが、判断が求められる状況そのものは繰り返し同じような局面が多いので、営業以外の職務経験など様々な経営的な経験が必要かといえば、そこまでは求められません。

では経営者はどうかというと、求められるのは経験です。中間管理職と違い、その人自身が実際に手本を示すということは減り、自分の情報をもとにきちんとした経営判断を下すことが求められます。経営者の仕事は、判断に次ぐ判断。やはり様々な経験を積んでいないと良い判断ができません。

また、経営者にはモチベーションを高めるようなトレーニングなども必要ありません。そもそもモチベーションが高くなければ、経営者になっていないからです。

海外では、「経営のプロ」といえるキャリアの人物が多く存在し、様々な企業の経営を中途入社で担うケースが多くあります。それは経営においては、成果に対して経験がもつ影響が非常に大きいためです。

このように「スキル」「経験」「モチベーション」のどれを重視するべきかは、役割によって変わってくるものなので、それを踏まえた人材育成プログラムを検討する必要があります。例えば、一見やる気にあふれているように見える若手こそ、実は、仕事に対する目的意識が曖昧で、モチベーションもブレやすい傾向にあります。

そこで、若いうちから継続的に、チームビルディングのような、一体感を感じられてモチベーションを高める効果のある研修を集中的に行うことが重要です。

また、高いスキルが求められる中間管理職になる前までには、スキルアップに直結するよ

人材価値の要素が成果に与える影響の違い

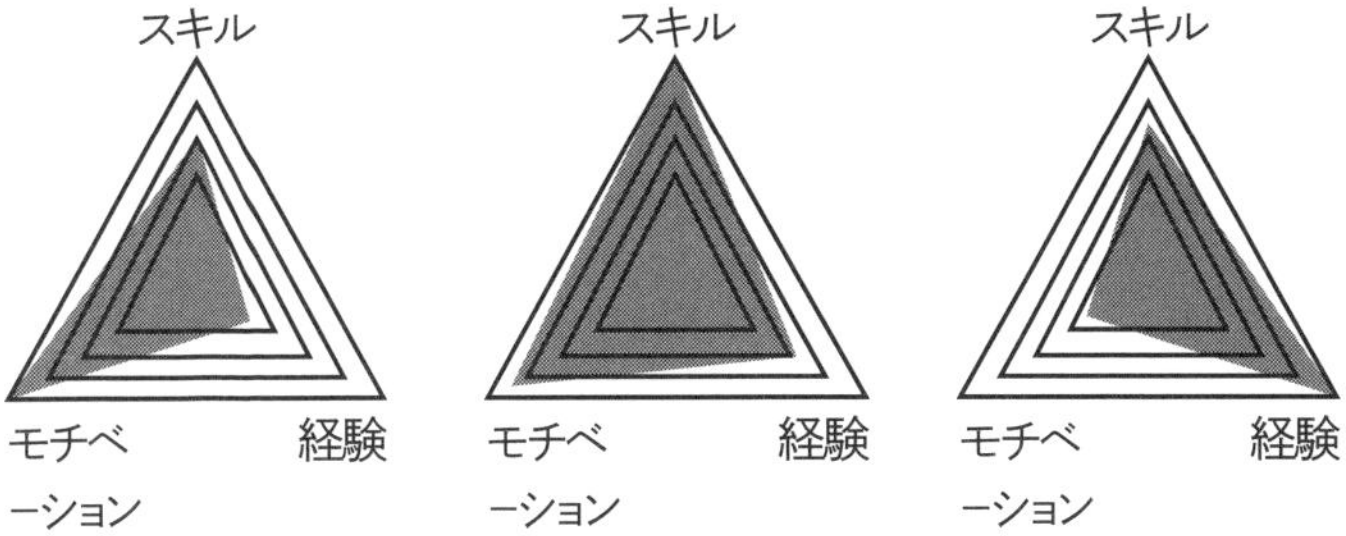

新人・若手担当者

スキルや経験の差よりもモチベーションの差が成果に大きな影響を与える

中間管理職

スキルの差による影響が増え、モチベーションが他者に与える影響も大きい

経営者

経験の差による影響が大きく、モチベーションやスキルはあるのが当たり前となり、その差が与える影響は小さい

うな学習機会や業務経験を与えたいものです。

そして、経営者候補を育てていくには、いかに多様な経験をさせていくかが重要です。

こういった役割の変化に応じた育成プログラムは、効率的に成果につながります。そのうえで、個人の人材価値において課題になる要素を明確にしていくのです。

「若いうちに成功体験していると成長しない」は嘘

では、これら「スキル」「経験」「モチベーション」は、どのように高まっていくものなのでしょうか。

まず、「スキル」に関しては「本人の努力」が大きいものです。知識や技術などを教えることはできますが、それを習得して発揮できるようになるためには、本人の努力が欠かせません。

では、「経験」はどうでしょうか。組織内においては、仕事の「経験」は他者に与えられることが多いものです。しかし、ただ与えられた仕事をなにも考えずにこなすのではなく、自ら考え工夫してみること、そして経験を振り返ってそこから一定の規則性や汎用性を見出すことによって、より大きな学びや気づきにつながります。

ただ、一つの経験からどれほど多くを学ぶことができるかは「本人の意識」により大きな異なります。多くの社員は、毎日の仕事をこなすことに集中していて、自分の仕事の全体像を客観的に振り返り、「経験」としてどう捉えられるかを考えることはあまり意識できていないからです。

意識を変えてあげるためには、一つひとつの経験を客観的に分析するプロセスを活用することと、上司や先輩などのコーチング、フィードバックが効果的です。

例えば、社員がミスをして商談を失注してしまったというようなケースにおいて、日本企業の現場では「反省」することに重きが置かれます。

もちろん最終的に反省することは大切ですが、それよりも、「なぜミスが起きたのか」「どうすれば防げたのか」「他の人が同じ状況に陥った場合、どうすれば防げるのか」「解決策をいかに実行するか」といった根本原因解析（Root Cause Analysis）を行い、上司や同僚などからも客観的な視点を補うことで、同様の原因から派生するミスも防ぎやすくなります。

この結果として、社員は自分の行動や考えを変える必要性を認識し、深い反省につながるのです。

一つの経験から多くを学ぶためには、本質的な原因を分析するプロセスと、他者からの客観的な視点が重要です。トヨタ生産方式においても、一つのミスから多くのカイゼンを得る手法として「なぜなぜ分析」といった原因分析のプロセスに重きが置かれています。

「モチベーション」は、本人の問題として片づけられることが多いように思いますが、実は自分一人で高めることは難しく、むしろ他者からの影響や認知で高めることが可能です。

モチベーションを支える三つの認知とは、①金銭的認知、②自己実現に対する認知、③社会的認知です。①から③になるにつれて、その効果が長く継続する傾向があります。

ただし、これら三つの認知はそれぞれ連動しているものなので、うまく組み合わせながら、認知を高める機会を、上司、人事部、経営者、同僚、外部研修など、様々な角度から意図的に持つことで、効果的に影響を与えていくことができます。

よく経営者の自伝などでも、「人生を変えたひと言」のようなものがあり、当時の上司や顧客などから大きな影響を受けたエピソードがあると思います。このようにモチベーションを長く支える要素というのは、他者や社会からの認知の影響が大きいのです。

また、人の成長曲線というものは、「スキル」「経験」「モチベーション」がそれぞれに直線的に上がっていくものではなく、各要素が関係しながら段階的に上がっていくものです。スキルを高めていくことを重ね、高まったところで、成功体験を得ます。成功体験が得られ

人の成長曲線

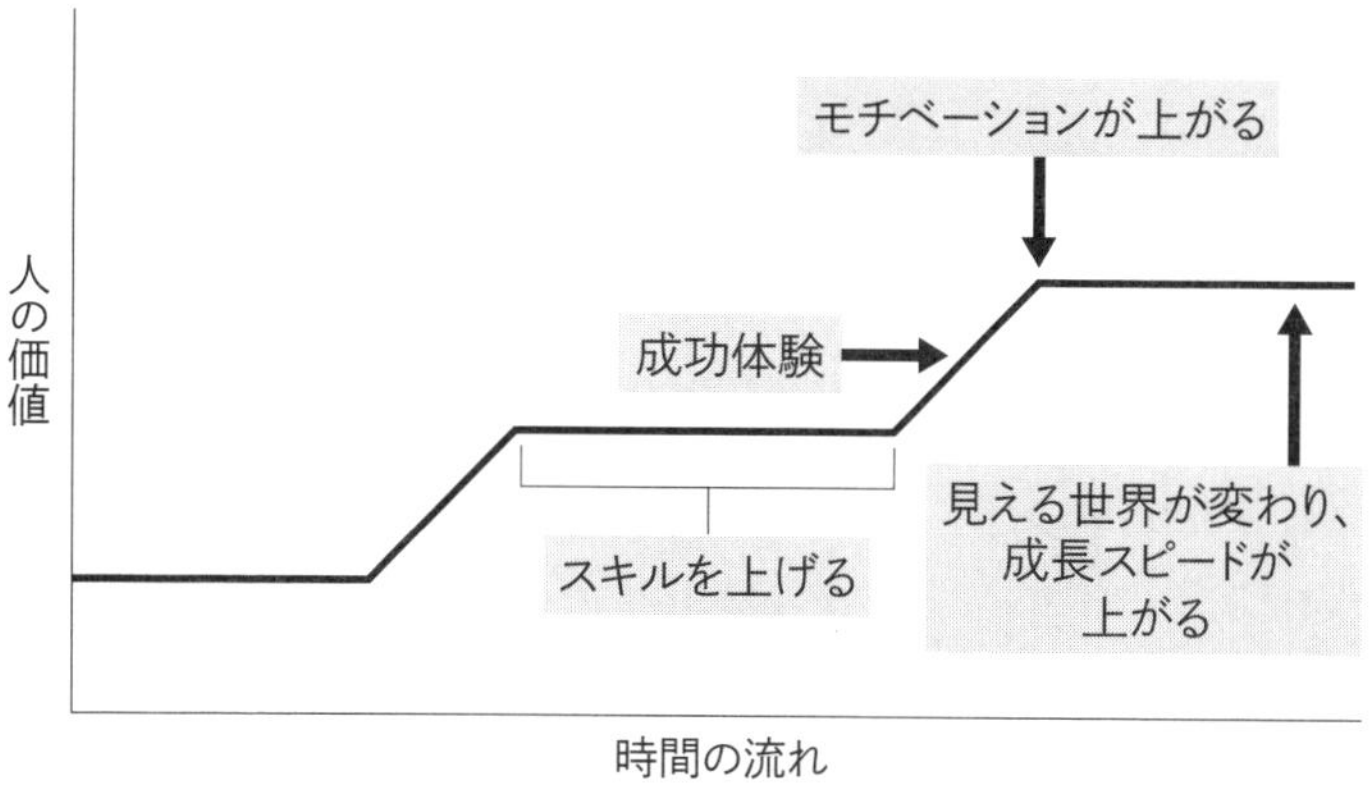

ると、モチベーションが上がり、見える世界も変わってさらなる成長意欲につながる……といったことを繰り返して成長していきます。

ここでポイントとなるのが、「成功体験」です。

失敗を経験することも大切ですが、人は成功体験によってモチベーションを高めて成長する部分が大きいので、早く成長させたいのであれば、意図的に成功体験を与えることが大切です。

日本ではよく、「若いうちに成功体験しているると成長しない」といわれますが、これは大きな誤解です。成功体験をさせたあと、さらに次のチャレンジを適切に与えることができれば、人はどんどん成長します。

しかし、若いときの一つの成功がゴールとなってしまい、次のチャレンジが与えられないままだと、現状に満足してしまい、成長を阻害する要因となります。

「若いうちに成功すると勘違いして成長しない」のではなく、「若いうちにこそ、成功体験をさせる。同時に、満足させずに次のチャレンジを与える」。これが成長を促進させる考え方です。

グローバル時代の人事パーソンに必要な三つの力

では、人材の「スキル」「経験」「モチベーション」を高め、成長を支援していくために、グローバル人事パーソンには、なにができるでしょうか。

実は、グローバル化すればするほど、人事が社員一人ひとりの育成に直接関われる時間は少なくなっていきます。また、求められる人材要件や個人のキャリアプランも多様化・個別化するため、適切な仕事経験を積ませ、モチベーションを高めて人材を育成するには、現場の管理職の役割が非常に大きくなってきます。

そうなると人事パーソンに求められる仕事は、制度やプログラムを作成するだけではなく、

・育成を担う管理職やリーダーを支援する仕事

・組織全体を広く見渡して、問題解決を行うような仕事が中心になっていきます。

昨今、いわゆる部門人事や、ＨＲＢＰ（HR Business Partner）といった、現場の管理職を支援する人事職務の重要性が注目されているのも、この流れを汲んでいるからです。

では、これらの仕事を行うために、グローバル人事パーソンにはどんな能力が必要となってくるのでしょうか。

私は「人の価値を客観的に見定める力」「本音を引き出す力」「組織の課題を見抜く力」の三つが必要ではないかと思っています。

●人の価値を客観的に見定める力

現場では、どうしても成果（それも管理職にとって都合の良い成果）で短期的に人を見てしまいがちです。また、管理職との相性や好みの傾向も、人材の評価に色濃く反映されることが珍しくありません。これはある程度は仕方のないことですし、避けられないことと考えるほうが自然です。

だからこそ人事は、人材の価値を「スキル」「経験」「モチベーション」という観点で客観的にきちんと見ていく必要があります。「現場の成果＝人の価値」というだけではなく、人事は、「人」のプロフェッショナルとして、現場の管理職とは異なる観点で、人材の価値を継続的に、客観的に見定める力を持つことが求められます。

●本音を引き出す力

優れたリーダーの下にいたとしても、上司と部下の組み合わせによっては、言いたいことが言えなかったり、成長できず伸び悩んだりしている社員もいます。

もちろん、上司と部下のコミュニケーションを促すことは非常に重要ですが、そもそも部下が上司に本音でなんでも話せるかというと、そう簡単なことではありません。

第三者的な立場から、また「キャリア」に関するプロフェッショナルとして、上司に話しにくい本音を引き出し、悩みの本質や、成長を阻害する要因を見つけていくのは、人事の仕事です。

企業によっては、人事にこそむしろ話しにくいという場合もあると思いますが、それは大きな機会損失です。多様な人材が集まるグローバル組織であるからこそ、人事は現場の上司にも言えない本音を引き出す力、コミュニケーション力が求められます。

本音を引き出すためには、「信頼関係」「価値提供」「気づき」が必要です。

誰であっても、自分が信頼できない人や、話を聞いてくれない人に本音を話したりはしませんし、話をしてもどうにもならない相手に真剣に話すこともありません。いわゆる「愚痴」と「本音」は異なるのです。

また、本音を話すにはきっかけとなる気づき（＝心の動き）が必要です。狭くなった視野を広げ、新たな視点を与えることで、悩みの本質に迫ることができます。

・自分が担当する社員、研修の受講者、採用した社員とどのような信頼関係を築いているか
・人事部としてどのような価値があると認識されているか
・社員の考えや視野が狭くなっているときに、人事としてどのような気づきを与えてあげられるか

こういった普段からの社員との接し方が、本音を引き出せるかどうかを決定します。

人事は、なにか問題が起きたときに話に行くところではなく、日常的に社員の本音を把握できている部門であってこそ、問題そのものを減少させることにつながるのです。

●組織の課題を見抜く力

現場を外から見ている人事だからこそ、組織の課題が客観的に見えてくることがあります。例えば、ある部署でなぜか次々に人が辞めている場合、職場環境や、管理職のマネジメントスキル以外にも、組織としての文化や特定の人間関係に問題がある可能性があります。

よく組織の問題の例えとして、「たった一つの腐ったリンゴが他のリンゴを腐らせる」といわれますが、非常に的を射ています。

例えば、成果を出しているように見える社員が、実は他の社員の努力によって積みあがったものを良いとこ取りをしていたり、本来自分でやるべきことを後輩社員にやらせていたり、といったことがあると、他の社員のやる気が削がれます。それだけでなく、「同じことを真似すれば楽に成果を上げられる」と真似をする社員が出てきます。

また、問題となる社員の行動というのは、意外と上司からは見えにくくなっていたり、場合によっては評価されていたりさえするものです。

こうした組織の問題は、一定期間、継続的に組織を観察していなければ見つけにくいといえます。だからこそ、ＨＲＢＰといった職務が注目され、部門や現場に入り込み、組織の課題を継続的に把握する役割の重要性が認識されています。

これからの人事に必要な能力

現場の管理職は「人」のプロフェッショナルばかりではない

人の価値を客観的に見定める力 ▶ スキル・経験・モチベーションで人材価値を見極められる

本音を引き出す力 ▶ 社員に信頼され、悩みの本質を見つける

組織の課題を見抜く力 ▶ ボトルネックを見つけ出し、手当をする

- 現場の管理職は、どうしても偏った主観や自分との相性で人を判断してしまいがち
- 人事は、客観的な視点で、中長期的な視野をもちながら、人の価値と可能性を見極める

また、社員サーベイや、組織診断アセスメントなどを実施している企業も多くあります。サーベイの結果は、現場の管理職に気づきを与えたり、会社全体のエンゲージメントの推移を把握したりという目的で使用している企業が多いですが、それだけではなく、人事は「組織ごとに結果を比較し、なぜ組織間の差があるのか」「その差はなぜ起きているのか」と分析することで、組織の問題の早期発見にもつながります。

組織の課題やその原因は、現場の管理職からは見えにくいものです。組織を横断的に比較できる人事がしっかりと見抜き、早期に解決につなげていかなければなりません。

グローバルに機能する人事組織の在り方

グローバル人事を進めていく際には、人事組織そのものをどのように設計すれば機能するのか、と考えることも重要です。

これは、企業として、どのようなグローバル人事のモデルを目指すかによって変わります。セントラル人事（34ページ）を目指すのであれば、人事は日本の本社を中心とした組織で集中管理すればよく、事務的なサポートをする人事チームが現地にいればそれで事足ります。各国に管理的な人事組織を必要とするマルチナショナル人事（35ページ）を目指す場合は、それぞれの国ごとに人事部を設け、その国の現地法人社長にレポートするような体制が機能しやすくなります。

問題は、インターナショナル人事（38ページ）を目指す場合です。

インターナショナル人事の場合は、国ごとに人事組織を置くのではなく、人事組織は国から独立した形で全社横断的なグローバル組織とすることが一般的です。

例えば、「ブラジルの部長をアメリカに異動させたい」といったように、国を越えて配置戦略を行っていくとなると、各国に人事部があり、それぞれが別々に動いていると非常に複雑な調整が必要となり、グローバルな配置を迅速に実行していくことができません。グローバル本社の人事部の管轄下に、各地域担当や国担当の人事組織を設けるような組織体制をつくっていくのが望ましいでしょう。

また、こういった人事組織においては、グローバル、地域ごとに共通の育成プログラムや、報酬制度などの施策を行っていくようになります。

そのため、国ごとの人事部門に個別に担当を配置するよりも、「育成担当」や「報酬担当」など、専門担当ごとにグローバル組織化することで、少ない人数で効率的に運営ができるというメリットもあります。こういった組織をＣＯＥ（Center of Expertise）と呼び、機能別に組織化されます。

さらに海外企業では、労務管理や給与計算といった定型業務をグローバルでシェアードサービス化することも一般的です。日本企業においても、国内におけるシェアードサービス化は少しずつ進んでいますが、今後、海外の社員の増加に伴って、グローバル全体の労務管理コストの削減や給与計算業務の抜本的な業務効率化は大きなテーマとなるでしょう。

インターナショナル人事におけるグローバル人事組織

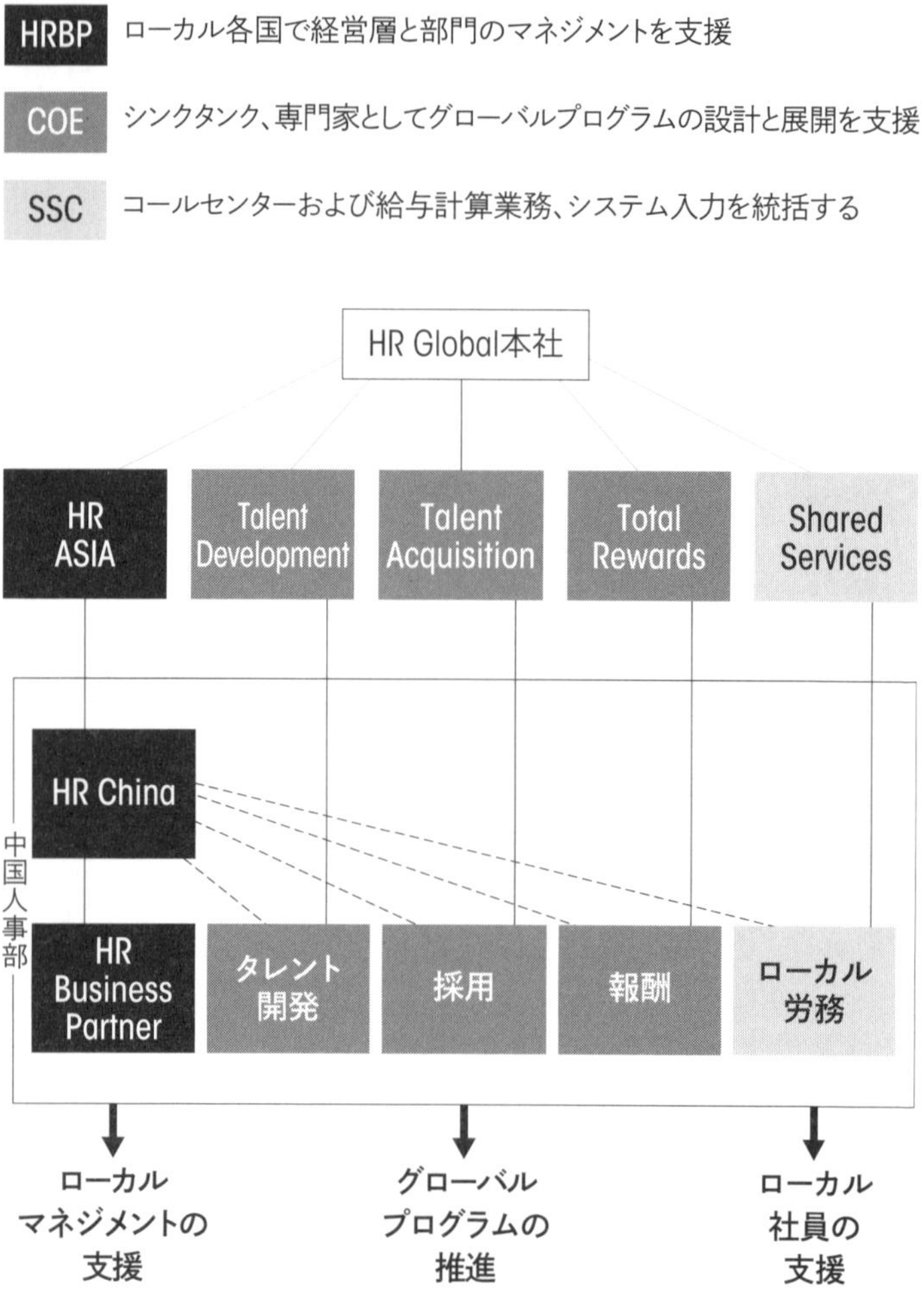

第3章

「人材配置」を成功に導く戦略

この章のポイント

- □ダイバーシティは日本企業にとって避けては通れない戦略
- □人事異動は人材価値を高める最大の機会と考え、目的のある人事異動を行う
- □サクセッション・プランニングにより、人材の需給とリスクを把握する

ダイバーシティの嘘と真実

昨今、「これからのグローバル経営においてはダイバーシティを重視していかなくてはならない」「グローバル時代にはダイバーシティ・マネジメントが重要」といったことが盛んにいわれます。

ですが、「なぜ今、事業経営においてダイバーシティ（＝人材の多様性）が重要なのか」ということは、わかったようでわからないところではないでしょうか。

ダイバーシティの有用性については、異なるバックグラウンドの社員一人ひとりの能力を最大限発揮させる機会を提供できる、多様な考えがイノベーションをもたらすなど様々な側面がありますが、こと日本企業においては、「労働力の確保」という側面も実は注目すべき点です。

日本や韓国、ヨーロッパ諸国などで少子高齢化が進行しつつあることは、誰もが知るところですが、高齢化するスピードが非常に速いのが日本の特徴です。

65歳以上の高齢者率が人口全体の7％を超えると「高齢化社会」、14％を超えると「高齢社会」と呼ばれますが、日本は高齢化社会から高齢社会になるのにわずか24年しかかかっていません。ドイツは40年、イギリスは46年、アメリカは72年、フランスは126年です。ちなみに、韓国は18年、中国は25年と日本と同程度ですが、それでも2010年の時点では14%を超えていません。日本は高齢化レースのトップランナーなのです。

当然ながら、労働力人口も急激に減少しています。2065年には労働力人口が2016年から4割減になると予測されていますし、今後は、どの企業も若い人が少なくなり、社員の年齢分布も128ページの人口ピラミッドと同じような逆三角形になっていきます。

そうなれば、今と同じ労働力を前提にビジネスを組み立てられないのは明白です。今の労働力よりも少ない前提でビジネスの縮小を考えるのか、機械やロボットに代替させるのか。または今まで活用しきれていなかった人材、つまり女性、高齢者、障がい者や海外の人材を活用することを考えなければなりません。

一方で、日本は極めて高い均質性のなかで雇用環境が成立してきたという特徴を併せもつことも、ダイバーシティが注目される要因です。

そもそもダイバーシティというのは、「成果創出のために常に不可欠なもの」というわけではありません。高度経済成長期の日本は、日本人男性ばかりの均質的な組織で経済を成長

主要国の65歳以上人口割合別到達年次とその倍加年数

	65歳以上人口割合（到達年次）								倍加年数（年間）	
	7%	10%	14%	15%	20%	21%	25%	30%	7%→14%	10%→20%
韓国	1999	2007	2017	2019	2026	2027	2033	2041	18	19
シンガポール	1999	2013	2019	2020	2026	2027	2033	2043	20	13
日本	1970	1985	1994	1996	2005	2007	2013	2024	24	20
中国	2000	2017	2025	2028	2035	2037	2049	2063	25	18
フィンランド	1958	1973	1994	2001	2015	2017	2029	-	36	42
ドイツ	1932	1952	1972	1976	2009	2013	2025	2034	40	57
ルーマニア	1962	1977	2002	2012	2033	2034	2043	-	40	56
オーストリア	1929	1945	1970	1976	2020	2023	2030	2051	41	75
ブルガリア	1952	1972	1993	1995	2020	2024	2040	-	41	48
ギリシャ	1951	1968	1992	1995	2018	2023	2035	2050	41	50
ポルトガル	1950	1972	1992	1996	2018	2020	2030	2041	42	46
スペイン	1947	1973	1991	1994	2024	2026	2034	2043	44	51
ポーランド	1966	1978	2012	2015	2024	2026	2045	-	46	46
イギリス	1929	1946	1975	1982	2027	2030	2060	-	46	81
ロシア	1968	1979	2017	2020	2040	2045	2055	-	49	61
ベルギー	1925	1946	1976	1991	2021	2024	2038	-	51	75
デンマーク	1925	1957	1978	1985	2021	2026	2062	-	53	64
スイス	1931	1958	1986	1998	2020	2023	2031	2044	55	62
イタリア	1927	1964	1988	1991	2008	2013	2027	2037	61	44
カナダ	1945	1984	2010	2013	2024	2026	2052	-	65	40
オランダ	1940	1969	2005	2010	2021	2023	2032	-	65	52
アメリカ	1942	1972	2014	2017	2031	2048	2093	-	72	59
オーストリア	1939	1983	2013	2016	2033	2037	2064	-	74	50
スウェーデン	1887	1948	1972	1975	2015	2021	2054	-	85	67
ノルウェー	1885	1954	1977	1982	2027	2031	2073	-	92	73
フランス	1864	1943	1990	1995	2020	2023	2053	-	126	77

国立社会保障・人口問題研究所　人口統計資料集(2013)
II.年齢別人口「表2-18主要国の65歳以上人口割合別到達年次とその倍加年数」による。

○ 現代の日本を支えてきた労働力として、二層の団塊世代（60歳代前半、40歳代前半）が存在する。

○ この二層の労働人口が今後20年で、一気に高齢化し減少する

○ 以降、人口は減少を続けており次世代の団塊世代は存在しない

労働人口の変化：日本の労働市場の特徴

人口ピラミッド（国立社会保障・人口問題研究所の推計による）

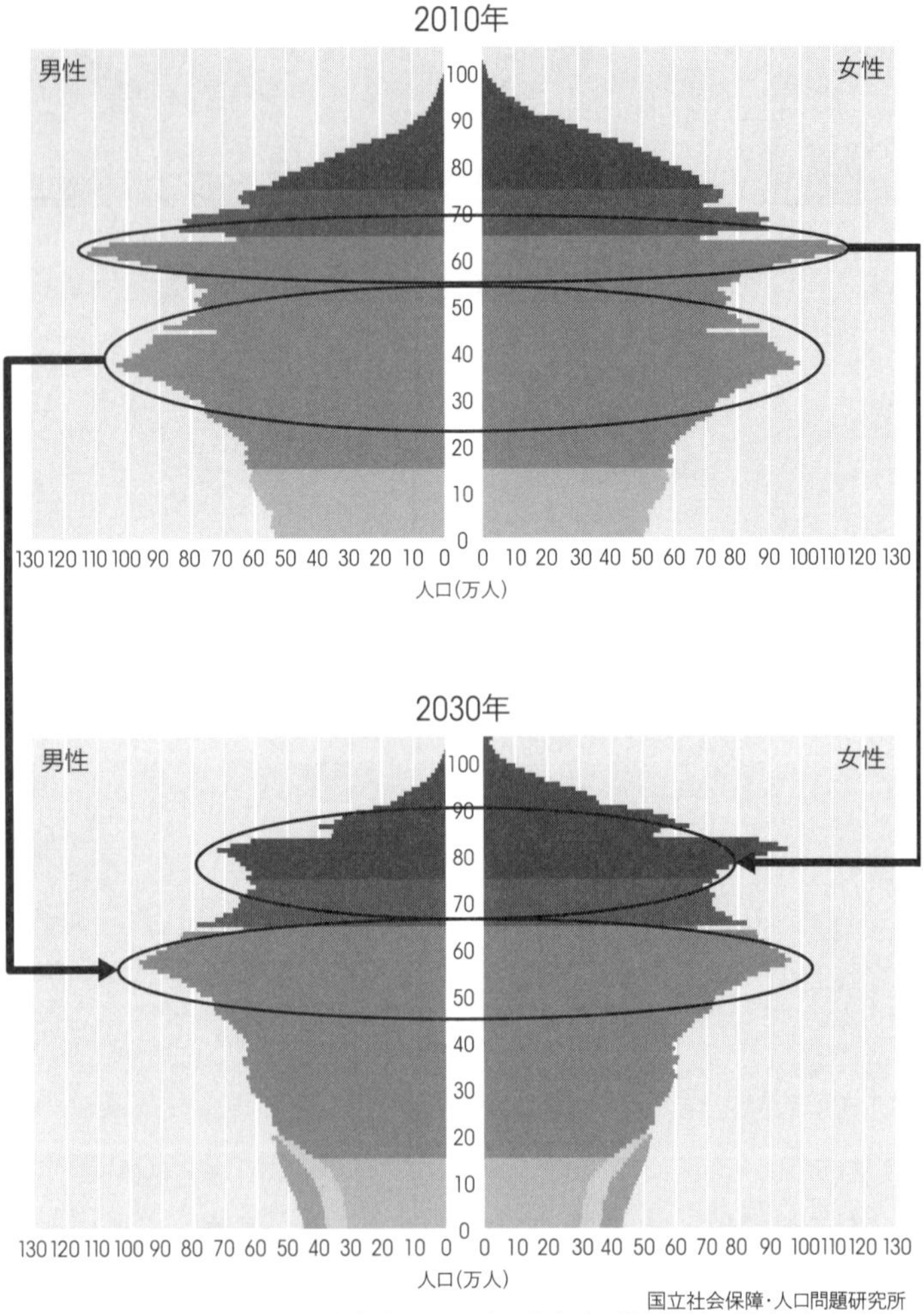

国立社会保障・人口問題研究所
資料：1920～2010年：国税調査，推計人口，2011年以降：「日本の将来推計人口（平成24年1月推計）」

させることができたわけです。

ただ、その経済成長を支えた「日本人男性」の労働人口が急激に減少している今の日本において、ダイバーシティというのは、グローバル人事だ、イノベーションだという前に「労働力確保の観点から、避けては通れない問題になっている」ということは認識しておくべきでしょう。

ダイバーシティ・マネジメントの本質

さて、ダイバーシティが一部のグローバル企業だけでなく、どの日本企業にも重要であるということを認識したうえで、「ダイバーシティ・マネジメント」の本質について考えていきましょう。

多様な人材を活用して成果に結びつけるには、単に雇うだけでなく、持てる力を最大限発揮してもらえる環境を用意する必要があります。

例えば、車椅子の人を雇った場合、その人が働きやすいよう、トイレやエレベーターなどオフィス環境を整える必要があります。子育てや介護など働くうえでの制限がある人のためには、短時間勤務や在宅勤務の制度を整える必要があるかもしれません。

つまり、人材が多様化するにつれて、そうした人たちに戦力になってもらうための仕組みや制度が必要になってくるわけです。

「ダイバーシティ」とともに、「インクルージョン」という言葉もよく耳にします。包括する、一体化するといった意味をもつ言葉です。要するに人材戦力を確保するため、今までと違った多様な人たちも一緒になって活躍してもらうための取り組みをきちんとやっていきましょう、というのが「ダイバーシティ・マネジメント」です。


では具体的に、人材はどのように多様化するのでしょうか。

すぐに思いつくところでいうと、性別、年齢、身体的特徴の異なる人。また、新卒採用が大半を占める日本企業においては、中途入社というのも多様性の一つです。

以前、ある名古屋の企業の方から「うちの会社の役員は、男性が多いとか年齢層が同じとか、そういう問題ではなく、全員が愛知県出身者です。そもそも県外出身というだけで、すでに多様性です」という話を聞いたことがあります。

確かにこの企業の場合、「ダイバーシティだから女性役員を」という前に、まずは関西出身者が一人この会社の役員になるだけでも、違う価値観や意見が生まれる可能性もあります。

笑い話のようですが、この企業のように均質性が高い組織はまだまだ多くあるのです。

多様性には、こういった属性の多様性だけでなく、在宅勤務や短時間勤務など働き方の多様性や、正社員、契約社員、派遣社員、アルバイトなど雇用形態の多様性、在宅、地域限定社員など働く場所の多様性もあります。

最近では副業をしている人や起業を考えている人、フリーランス志向という人もいて、キャリアの考え方も多様になっています。

多様性について考えるとき、どうしても「女性」「高齢者」「外国人」といった人の属性の括りで考えがちですが、こうした働き方や価値観の多様性といったところも大切です。

グローバル企業だからといって、全員が全員、世界を股にかけて働きたい人というわけではありません。「中国でしか働きたくない」という人もいますし、「ヨーロッパ以外には出たくない」という人もいます。

ダイバーシティ・マネジメントにおいては、そうした一人の人が持つ様々な側面を、個別に細やかに見ていくことが求められるのです。

人材マネジメントの観点で考慮しなければならない主な多様性

●人材の属性の多様性（性別、年齢、身体的特徴、人種・宗教・民族、職歴など）
●働き方の多様性（在宅勤務、短時間勤務、フレックスタイム、育児休業・介護休業の取得など）
●雇用形態の多様性（正社員、契約社員、派遣社員、アルバイト・パート、再雇用制度など）
●働く場所の多様性（在宅、地域限定社員、転勤前提の正社員など）
●働く価値観の多様性（転職、フリーランス、起業、副業など）

ダイバーシティはどの国でも簡単ではない

ダイバーシティの話題になると、「日本は特殊な国なので難しい」といったことを口にする人がいます。

しかし、世界を見渡してみると、実はどの国も特殊で難しい事情を抱えています。

例えば、アメリカでも人種差別はいまだ大きな問題になっていますし、性別や宗教的差別も根強くあります。インドにはカースト制がありますし、オーストラリアは白人主義、中国や韓国にも性別による職業区分があります。各国が抱えるこうした特殊性を知り、適切に対処していくことも、グローバル人事を進めていくうえでは大切です。どの国も「特殊で難しい事情」を抱えているにもかかわらず、なぜ多くの企業がダイバーシティを進めているのでしょうか。

ここで、ダイバーシティの先進国、アメリカのケースを見ていきます。

そもそも、ダイバーシティの歴史はアメリカから始まっています。

アメリカでは、１９６４年の公民権法の成立により、人種差別撤廃やマイノリティへの機会平等化が徹底され、雇用面でも機会均等、アファーマティブアクション（積極的差別是正措置）の義務付けが進みました。

このように法的な面では早くから整備されていたものの、実態としては、雇用面でも様々な差別が残り、ダイバーシティはほとんど進んでいませんでした。

ところが、２０００年代に入り、社員から企業に対して数々の訴訟が起こされるようになり、企業が莫大な和解金を支払うケースが増えてきました。

例えば、アメリカの大手証券会社モルガン・スタンレーは、２００４年女性社員３４０人に対し、性差別を受けたという訴訟への和解金として５４００万ドルを支払っています。コカ・コーラは2000年に人種差別訴訟の和解金として1億9300万ドルを、バンクオブアメリカ・メリルリンチは2013年に人種差別訴訟の和解金として1億6000万ドルを支払っています。

このような訴訟が相次いだことで、企業側は訴訟リスクへの対策を迫られるようになり、一気にダイバーシティを掲げる企業が増えた、というのがアメリカのダイバーシティ発展の真相です。

したがって、ダイバーシティ先進国に見えるアメリカでも、雇用面でのダイバーシティが進められ始めたのは、2000年代以降であり、実は今でもそれほど進んでいるわけではありません。

例えば、社員1000人以上のアメリカ企業のマネジャー職における黒人男性の比率はわずか3・3％です。白人女性の比率を見ても29％。日本よりは多いですが、まだまだ発展途上段階なのです。

アメリカ企業の実態

●社員1000人以上のアメリカ企業におけるマネジャー職

・黒人男性の比率：1985年3%↓2014年3・3%
・白人女性の比率：1985年22%↓2000年29%

日本におけるダイバーシティの現実

このように均質性の高い雇用環境で成長してきたのは、日本企業だけでなく、アメリカ企業も同様です。

しかしそれでもなおダイバーシティを進めてきたのは、アメリカにおいても、「多様な人材をきちんと確保しなければ、将来的に企業の持続的成長を図ることができない」という認識があったからです。

1987年に出された『Workforce 2000』という21世紀のアメリカの労働力人口構成予測に関するレポートには、次の2点が述べられています。

●今後、急速に労働力が高齢化・女性化していく
●これまで労働力人口の中心を占めていた白人男性の割合が、新規参入者で見ると47%から15%に急激に減少する。その結果、21世紀半ばには白人男性がマイノリティになる

当時のアメリカは従来の大量生産型産業の成長が鈍化し、製造業からサービス業への転換が必要とされていた時期であったため、企業も人事や組織戦略を大きく見直す必要に迫られていました。

さらに2000年以降、事業のグローバル化に伴い、異なる文化背景、習慣、宗教などを持つ人々や組織の力をまとめ上げ、成長力を高める必要があったのです。

そして今まさに、日本もアメリカに20年遅れて同じような状況になってきています。

日本社会は今、急激な高齢化と人口減少という大きな危機に直面しています。日本企業はもう、「日本人」「男性」という属性の働き手だけに頼っていては、成り立たなくなってきているのです。その変化のスピードは世界でも群を抜いています。

しかし残念ながら、そうした危機感はまだ希薄です。

ダイバーシティに対する意識も、雇用環境における現実もあまり大きく変わっていません。社会全体に多様性や個別性を前提とした考え方が浸透していないためか、訴訟リスクも少なく、家庭のことは女性がするといった性別役割分業意識も強く残っています。

また、「日本人同士が日本語で働く」環境での生活が定着していて、外国人との間の精神的な距離感もまだまだあります。

このように、日本企業の現状はダイバーシティとは程遠い状況ではありますが、多様な人材が活躍できる土壌づくりはすぐにできるわけではありません。今後は、グローバル展開を目指す企業はもちろん、国内市場にとどまる企業も、ダイバーシティに向き合い、備えていかざるをえなくなってきます。

そして、多様な人材が一緒に働くようになってくると、人事の仕事も、もうこれまでと同じようなやり方を続けていくことはできなくなります。

多様性のメリットとデメリット

ここで、多様性を「生かす」とはどういうことなのかを考えてみましょう。

「多様性」という言葉に現実感がないのは、「多様性」を「成果」に結びつける意識や取り組みがまだ明確ではないからです。

つまり、「多様化」がいつも効果的かというと必ずしもそうではない、むしろ「女性管理職比率」など指標だけが独り歩きしているため、本来それぞれの企業が戦略的に取り組まなければならないことからかけ離れてしまっていることがあります。

多様化は中長期的には避けては通れない戦略であることは事実ですが、短期的に効果をどのように上げていくかということはしっかりと議論しなくてはなりません。

例えば、次の「効率性VS多様性の議論」にもあるとおり、多様な人が集まると、様々な意見が出るため、どうしても議論は複雑になります。意思決定のプロセスに多くの労力が必要になり、均質性や効率性が求められる仕事（例えば工場のラインなど）においてはメリットが小さいかもしれません。

一方で、顧客に近い現場や変化が大きい市場などで、新しい発想を生み出していくという意味では、多様な視点からの意見が大事になってくるということがあります。

このように、多様性は「使いよう」でもあるのです。

効率性VS多様性の議論

●多様性は議論を複雑にするため、意思決定のプロセスにより多くの労力が必要となる。均質性のなかで効率を求める仕事においてはメリットが小さい。

●変化の加速、顧客の多様化、競争環境の複雑化に対応し、新しい発想を生み出していくためには多様な視点からの意見を取り入れることが企業の競争力に直結する。

●効率性を軽視することはできないが、イノベーションや顧客への価値創造を継続するためには異なるバックグラウンドをもつ人々によるコミュニケーションが欠かせない。

ＩＭＤ教授　マーサ・マゼヌフスキ

Diversity can improve performance : HBR（２０１３年9月号）

では、どうしたら「多様化」をメリットにしていくことができるでしょうか。

比較的均質性が高い仕事、例えば工場のラインや、コンビニエンスストアの店員などは、ある程度誰がやっても同じことができるほうがいいわけですから、しっかりとマニュアルを準備し、トレーニングをやっていくことで、海外の人材も活用できることにつながり、「多様化」をメリットにしていくことにつながります。実際、コンビニエンスストアで外国人の店員を見かけることはかなり多くなっていると思います。

一方、海外マーケットに即した製品を開発して事業展開をしていくために、新しいアイデアを形にするような仕事が必要という場合、また、女性や学生向けの商品を開発し展開していきたいという場合、チームやリーダーのあるべき姿は全く異なります。

多様な人たちが意見を言いやすいような会議の方法を考えたり、女性や若いリーダーがチームを率いたり、外国人のメンバーと英語で一緒に議論ができるよう通訳をつけたりすることが多様化をメリットにしていくことにつながります。

大切なことは「多様化」そのものを目的にするのではなく、事業に「多様化」をどう生かすのか、という視点を持つことです。

第1章で記したとおり、「多様化」ありきではなく、今後どこでどんな人材が必要になるのか、その人にはなにをやってほしいのか、などと「人材の需給」を把握したうえで、多様化のメリットを生かせるような施策を考えていくことが求められます。

私自身、日本の顧客向けに仕事をしていますが、SAPアジア本社の組織に所属し、上司はシンガポールに住むオーストラリア人です。

一見、複雑で効率が悪い組織のように見えますが、常に海外のリーダーや同僚と会話し、情報交換をしているため、海外でどのような人事制度があるのか、どういう雇用慣習や法制度があるのかを知る機会が多く、世界の人事の現実を知ったうえで日本の人事の在り方を考えられることが、自分の仕事においても多くの気づきを与えてくれます。

当然日本の組織に所属していたころに比べると、様々なコミュニケーションや、仕事の進め方の多くを変えなければなりませんでしたが、目的をしっかりと意識できていれば、得られるメリットもまた大きくすることができます。

の活用が必要であり、その課題に対応するには、外部から優秀な人材を採用するだけでなく、社内人材の活用が必要となります。

「属性」の人事から、「個性」の人事へ

また、企業の競争力を高めるため、多様な視点からの意見を取り入れることで新しい発想を生み出したいといった場合には、「女性」「高齢者」「外国人」などといった属性だけで人材を捉えるのではなく、むしろ一人ひとりの「個性」を重視するという視点が重要になってきます。

日本企業では、女性管理職比率や女性役員比率を高めることがダイバーシティ推進の旗印とされていることが多いように思います。

もちろん、女性の登用を促進することは、ダイバーシティを進めていく一助になることは確かです。しかし、その人がどんな女性なのか、ということのほうが重要です。

例えば、子ども向けの商品をつくっている企業の役員、管理職になった女性たちのなかに、子どもを持った女性が一人もいない場合、それはダイバーシティを強みにしているといえるのかどうか、ということです。

年齢に関しても同様です。若いから斬新な意見があるだろうと捉えるのではなく、その若者がもつ知識や視点をどのように事業に生かすかという視点を持つべきです。

「属性」ではなく、「個性」を生かす、という発想を持つことが真に多様性を生かすことにつながります。

昨今、多くの企業で「働き方改革」に取り組まれていますが、働き方そのものが多様化しているなかで、全社員共通で残業時間を調整したり、休暇の取得を促進したりすることが、はたして社員の働き方を改善し成果につながっているかは疑問が残るところです。

例えば、定時後に先輩から仕事を教えてもらったり、自社の商品について調べて勉強をしたり、仲間と議論するなかで多くを学んだり……という経験は、今も昔もあるはずです。

しかし、一斉に帰宅をさせたり、残業時間を削減させたりすることは、企業が社員の成長機会を奪うことにもなりかねません。

もちろん、違法な労働環境や、不適切な長時間労働、ハラスメントなどは厳しく取り締まらなければなりません。しかし今後、人材の多様性を成長の原動力にしていくうえでは、一斉に社員の働き方を決めるだけではなく、一人ひとりの社員が自分の価値の高め方を考え、選択できるようにすることが求められます。

働き方改革をきっかけに、人材の多様化と、個性に注目した人事について考えいただければと思います。

多様化を考えるうえでのポイント

- 多様化そのものは目的ではなく、多様化を事業に生かす戦略実行が目的
- 多様化と均質化、それぞれの良いところを活用する
- 属性よりも個性を生かす人事戦略の結果として、人材は多様化する

多様な人材をどのように事業成長につなげるか

「多様性のメリットを事業に生かしたい」という場合、単に多様な人材を採用するだけでは、その良さを生かすことはできません。

よくあるのが、「ダイバーシティ推進」のために、新卒採用で外国人の留学生を1、2名採用するケースです。もちろん、その人たちが職場に多様性をもたらすことは確かですが、大きな経営インパクトにつながるかというと疑問です。

というのも、そうした外国人社員たちは、5年、10年するうちに日本語も上達し、周囲の日本人社員と同化してしまうため、多様な視点からの意見を事業に生かすという役割を果た

せないケースが多いからです。

よって、「多様性を生かしてイノベーションを起こしたい」「企業の競争力を高めたい」という場合には、ある程度、事業の方向性について意思決定をしたり、その人の意見が意思決定にきちんと取り入れられたりするようなレベルで人材を多様化していく必要があります。そうでなければ、経営インパクトにつなげることはできません。

また、日本企業では前例踏襲にこだわるところがあるので、事業戦略上、多様なリーダーが必要となれば、意図的に「ロールモデルをつくっていく」ことも有効な手段です。

特に女性管理職については、周囲の目を気にして、社員本人が積極的には希望しないということも多く見られます。

そこで、社員には「希望するかどうか」ではなく、「希望しないかどうか」を聞くようにして、優秀な女性社員で、単に管理職になることに消極的であるということであれば、思い切って登用していくことも必要です。

また可能であれば、ある程度まとまった人数を登用していくとより有効です。そうすることで、当人同士の一体感や意識も生まれますし、周囲の理解も得られやすくなり、成果につながりやすくなります。

たった一人の特例をつくり出すのは、企業としてダイバーシティの成果を社員個人に押しつけているようなもので、一過性になりがちです。

複数のロールモデルを登用していくことで、後に続く人たちのキャリアにパターンを確立でき、女性も含めた多様な人材を活用できる企業へと変わっていきます。


また、日本人男性は、均質性が高い環境で育ち、マイノリティになった経験のない人が多く、多様な人材を受け入れるような教育も受けてきていません。転職をしたことがあれば、転職先の企業で一時的にマイノリティになる経験を味わう人もいますが、そうでなければ、まずそうした環境に身を置くことはありません。

しかしグローバルでは、日本人男性は圧倒的なマイノリティです。マイノリティとして力を発揮できるような人を育てるという意味でも、多様性を受け入れ、自分自身を理解してもらう努力をすることを覚えなければなりません。

若いうちに海外の現場を経験させ、多様性を肌で感じさせるなかで、「いかに自分を表現し、信頼関係を築けるか」ということを学ぶ教育が必要となります。多様性を学ぶということはつまり、「一切の属性を忘れたうえで、自分という人間の個性を考える」ことでもあります。

多様な人材を事業成長につなげるためのポイント

- ●ビジネス上の成果を出すためには経営判断ができるレベルの人材を多様化することが近道である
- ●日本では意図的な登用や配置でロールモデルをつくることも有効
- ●日本人男性には、多様性を受け入れるための教育が必要（世界のなかで日本人男性はマイノリティ。そのなかで力を発揮できるか）

経営の中心に多様性を持ち込む「エーザイ」の人事戦略

多様性を企業の成長につなげている事例として、チョコラＢＢで有名な製薬会社、エーザイを取り上げましょう。

エーザイはダイバーシティが非常に進んだ企業です。アメリカ、イギリス、ドイツ、フランス、中国、韓国、インドなど、海外に生産拠点、研究拠点、販売拠点を多数持っており、ほぼすべての海外拠点で現地人材がトップとなっています。

また執行役27名中７名（26％）が日本以外の出身者で、執行役会は10年以上前から英語で行われています。

さらに、アメリカ、中国のトップは女性が務め、海外子会社における女性管理職比率は45％と、役員の多様性、管理職の多様性という意味では海外企業と同水準です。

このように、多様な人材が活躍する企業であることがわかりますが、そもそもの経営課題は、国ごとの現場ニーズにマッチした製品の開発でした。

そのため、現地のことは現地に任せるマルチナショナル人事を推進し、それぞれの現地法人にしっかりと権限委譲を行い、事業展開を各現地トップに任せているのです。

一方で、そうした海外の人材を本社の役員として経営層に加えることで、単に任せるだけではなく、グローバルに経営戦略や事業の方向性を共有しながらガバナンスを維持し、同時に多様な意見を取り入れて新たな事業を生み出す原動力としています。

さらに、次世代リーダーの育成に関しては、国籍を問わずグローバルで活躍できる人材の育成に取り組んでいます。

このように、自社の事業戦略に合わせて、多様な人材を要職に登用するだけではなく、積極的に経営戦略の中枢に巻き込み、一体となってグローバル経営を推進することで、人材の多様性による力を最大限生かしている好例といえます。

ではここからは、多様な人材の力を仕事の成果につなげていくために、最初に取り組むべき最も重要な人事戦略、「配置」について詳しく見ていきましょう。

目的なき人事異動が起きていないか

グローバル人事を進めるなかで、様々なバックグラウンドを持つ人材の力を最大限に引き出し、企業の成果につなげると同時に、事業の継続における人的リスクがどこにあるかを把握するために、まず考えなければならないことは、「誰をどこに配置するか」という戦略です。

配置戦略というのはあまりなじみのない言葉かと思います。

というのも、日本企業においては、それほど考える必要がなかったからです。人材が年次で管理されていたこともあり、人事異動は、ある程度ポジションの空き具合と、順番が決まっているなかで「次は誰にするか」を複雑なパズルのように選んでいく作業だったのです。

ただ、このような人材配置の方法には「目的のない人事異動」が起こってしまうというマイナス面があります。

典型的なのが、日本企業の人事異動によくある「玉突き人事」と「ジョブ・ローテーション」です。

玉突き人事では、誰か一人が抜けると、それに伴って連鎖的に複数の部署で人事異動が起こるため、明確な目的のない人事異動が多々発生します。

ジョブ・ローテーションは、異動すること自体が目的となっている人事異動です。もちろん、様々な部署に異動させ、様々な経験を積ませて人材価値を高めることを目的としているのであれば、悪いことではありません。

ただ、どんな経験を積ませて、どんな人材を育てていきたいのかという、個人のキャリアの在り方や目的を明確にせず、場当たり的、または順序に従っているだけの人事異動になっているケースも少なくないようです。

しかし海外において、このような異動というのは通用しません。そもそも定期異動という概念が存在しませんし、異動には必ず目的が必要だからです。


事業的な観点から考えると、異動というのは基本的にリスクです。

異動した場合、新しい部署で新しい仕事を覚え、新しい仲間と一から人間関係をやり直さなくてはなりません。前の部署は、戦力を失うことになり、新しい部署には、不慣れな社員を育成するコストが発生します。

もちろん、新しい部署で成長し、より高い成果を上げられるようになる可能性があるからこそ異動させるわけですが、逆に、新しい部署でうまくいかず辞めてしまう人が出る可能性もあります。

日本企業では離職が少ないため、こうした異動リスクはそれほど考慮されませんが、人材の流動性が高い海外企業では大きなリスクと捉えられています。

海外企業においては、その異動にいったいどんな目的があるのか、そしてそれが本人にとってどんなメリットなのかを明示し、異動先の部署でいち早く成果が出せるよう十分な動機づけをするなど、人材配置はしっかりとした戦略のもとに行われているのです。

人事異動の効果を高める三つの方法

本人の納得性が高ければ、人事異動は「人材価値向上の最大の機会」にもなりえます。

ここでは、社員の主体性を高め、成長意欲に積極的につなげていくための人事異動の三つの手法が紹介します。

●自己申告制度

社員の異動希望を聞き、人事異動の際に、その希望を考慮した異動を行うもので、外からは見えないミスマッチを探し出すことに役立ちます。

すでに多くの企業で導入されており、短期的な視野にはなりがちですが、社員自身が望む仕事であるという意味で、動機づけには一定の効果があります。

ただし、会社が成長を続けていれば将来への期待は膨らみ、「自分の異動希望はかなうだろう」「悪いようにはならないはずだ」などと希望を持てますが、現在の日本企業では、40代以降の人数が多く、若い社員にとってはポジションがなかなか空かないという現実があります。また、事業や組織の変化が激しく、即戦力を中途採用で求めがちな側面もあり、現状では、希望がかなわないことへの不満が出てきてしまう可能性もあります。

●CDP(キャリア・デベロップメント・プラン)

キャリアプランといっても「将来、社長になりたい」というような夢や「将来、企画部門に行きたい」といった漠然とした異動希望を聞いておく、ということではありません。

もちろん本人の希望は大切ですが、夢や希望をかなえるというよりも、現実的に自分の持っている能力や経験を生かせる（生かしたい）場所を考えること、中長期的なスパンで具体的なキャリアの未来像を示すこと、そしてそのための行動計画を明確にして、自分の歩んでいく道に対して主体性を持たせることが目的です。

「なにをいつまでにどうすることで、どのようなキャリアを歩んでいけるのか」といった、いわばキャリアの工程表のようなものを「ＣＤＰ」と呼びます。これを社員本人、上司、人事部でしっかりと共有し、実行していくことで、社員は具体的な行動目標と中長期的なキャリアビジョンを持つことができます。また、人事が異動案を策定する際には、本人のキャリアに対する意思や準備状況を具体的に把握することができます。

キャリアプランを作成する過程で、様々な職種におけるジョブ・ディスクリプションや、キャリアの可能性や選択肢をまとめたキャリアパスを作成しておくと、社員と管理職の間でのキャリアに対する共通理解が進みやすくなります。

これによって、社員が将来の目標に向けて具体的、かつ意欲的に取り組めるようになります。

●社内公募制度

社員のモチベーションを高めるうえで、最も効果が高いのが「社内公募制度」です。自分のキャリアを自分で考え、チャレンジしてもらうようにするのです。

ほとんどの海外企業には社内公募制度があります。

私が所属しているSAPでは、1年間同じ部署にいれば、社内公募に応募することができます。社内には全世界で常に2000〜3000のポジションが空いており、イントラネットの社内公募ページを見ると、ずらりと載っています。それを見て、自分で応募し、面接して受かれば、異動は確定します。現在の上司は異動確定後にそのことを知らされ、拒否することはできません。

社内公募制度のいいところは、「自分の力でポジションを勝ち取れる」ことです。

人事が決めた異動では、自己申告していたとしても、どこか受け身的な姿勢が残ります。自分のキャリアを主体的に考え、自分で勝ち取った仕事のほうがよりモチベーションが高い状態で取り組むことができ、異動先の上司も事前の面接で社員のことをよく理解し、どのような仕事を任せられるか、どのように育成するかを考え、準備することができます。

また、社内公募制度の場合、面接に通らなかったときも、なにが理由なのかがわかるので納得感があります。

加えて、退職を考えている社員に対して、社内にある様々な機会の存在を伝えることで離職率を下げられたり、外部からの採用に頼りすぎることをなくすことで採用コストを大きく削減できたりといった効果があります。

ただ当然、社内公募制度に対しては、突然異動が決まり部下がいなくなる、といったことに対する不満が生まれます。

そういった意見に対して、多くの海外企業では、「モチベーションが低い状態のまま、その部署にとどまっていることが本当に成果につながるのか」「空いているポジションに対して、社内でやる気のある人材から選ぶことが本当に問題なのか」といった議論を丁寧に行い、異動までの引き継ぎ期間をしっかりとることで、制度を促進しています。

グローバル・グレーディングは本当に必要か？

配置戦略をグローバルに考えていくと、ある致命的な問題に突き当たります。

それは、国を越えた形で異動させるような場合、同じ役職であっても国や地域が変わることによって、それぞれのポジションの「仕事の大きさ」「職務・職責の大きさ」が異なっていると、異動計画をつくることができない、という問題です。

例えば、「今、中国で人事部長の職にある人をブラジルの人事部長のポストにつけたい」とします。その際、社員が５０００人の中国法人の人事部長のポストと、社員が50人のブラジル法人の人事部長のポストとでは、同じ「人事部長」だからといって、同じ報酬のままでいいだろうかということです。

もしも、中国の人事部長職が権限もあって報酬も高いのに、ブラジルがそうでもないとなれば、中国からブラジルへの異動は、恐らく断わられるでしょう。

もちろん、年に1、2件しかないような特例の人事異動であれば、例外的な案件として処理をすればいい話です。しかし、国をまたがった異動を積極的に行うとなると、一度、全体的に基準を決めないと、処遇の継続性や透明性が失われてしまいます。

このような場合に必要となるのが、職務・職責の大きさを統一基準でランク付けする「グローバル・グレーディング」です。

よく「グローバル人事にはグローバル・グレーディングが必要だ」といわれますが、必ずしもそういうわけではありません。

マルチナショナル人事（35ページ）で、国ごとに人事を行っている場合は、統一基準を設ける必要がないこともあるからです。

ただし、インターナショナル人事（38ページ）で、国を越えて社員を異動させるようなことが頻繁に起きるようになってきたときには、グローバル・グレーディングが必要となります。

国を越えて社員を配置する仕組み

グローバル・グレーディング設計における課題
制度の透明性と運用性をいかに両立させるか

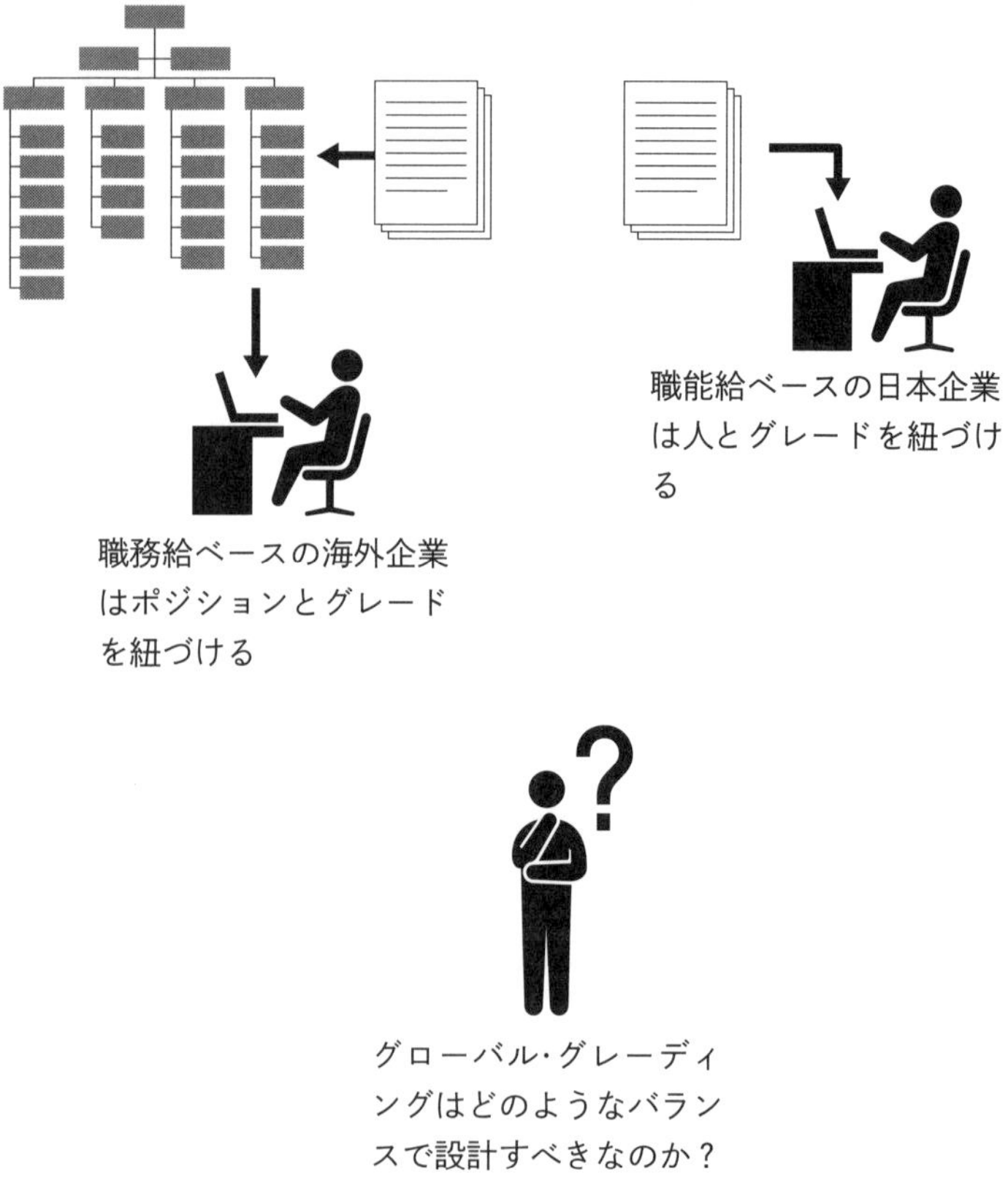
職務給ベースの海外企業はポジションとグレードを紐づける
職能給ベースの日本企業は人とグレードを紐づける
グローバル・グレーディングはどのようなバランスで設計すべきなのか？

日本企業になじみやすいグローバル・グレーディングとは

では、グローバル・グレーディングはどのように設計していけばよいのでしょうか。

一口にグローバル・グレーディングといってもその設計の仕方には大きく三つあり、どのような目的でグレーディングを使用するかによって、それぞれ向き不向きがあります。

●職務グレーディング（ポジション・グレーディング）

ポジションとグレードを紐づけているグレーディングで、アメリカ企業を中心に広く導入されています。アメリカ企業の多くは職務給をベースとしているため、各ポジションにそれぞれ職務の大きさが決められており、それに基づいて報酬が決定されています。

例えば、グレードが1から10まであったとしたら、アメリカの人事部長はグレード6、日本の人事部長は社員が少ないのでグレード4、といったようにポジションの価値や職務の大きさに対してグレードが設定され、報酬レンジが紐づけられています。

よってアメリカの人事部長に、他国を経験させるために日本の人事部長に異動させるといったことはまずありません。グレードや報酬が下がると、転職されてしまうからです。

また、ポジションが持っている職務の大きさによって機械的にジョブ・グレーディングが決まるという、極めて合理的な設計のため、報酬に対する透明性が担保されます。

日本企業においても、一定のレベル以上の管理職などで、職務給が導入されていることがありますが、こういったレベルの職層に対して「職務グレーディング」を導入すると、全世界共通で報酬の合理性が保たれるということです。

ただ、戦略的に経験を積ませたいがために、あえて現状より低いグレードのポジションに異動をさせていくようなことが難しくなるため、そういった異動の必要性がないシニアのマネジメント層に限定して導入されることも多くあります。もちろん、日本と海外を分けて考えるのであれば、海外だけ共通で「職務グレーディング」を導入することも一つの方法です。

ただし、「職務グレーディング」の導入の際には、あまりにも細かい単位でポジションの評価を行わないようにする企業が増えています。

昨今、ビジネス自体が非常に速いスピードで刻々と変化するなかで、組織やポジションに求められる役割もどんどん変化してきています。それに合わせて、定義したグレードや各ポジションのジョブ・ディスクリプションを随時見直していく必要があり、運用に大きなコストがかかるようになったためです。

また、多くの日本企業においては、日本人社員を職能給で運用しているため、日本人を含むグローバル全社員に「職務グレーディング」を導入することは、運用上矛盾を抱えてしまいます。あくまで職務給が導入されていることが、この「職務グレーディング」導入の前提条件となります。

職務グレーディングのまとめ

- ●報酬に対する透明性が高く、一定レベル以上の管理職などに対しては有効
- ●細かい単位でポジション評価すると、運用コストがかかるので注意
- ●職務給を導入していないと、そもそも運用できない

●職能グレーディング（**職能資格**）

多くの日本企業で導入されていて、スキル、経験をベースとした職能レベルに対してグレードが設定され、人にグレードが紐づいていくやり方です。

技術の習熟度などが測りやすい技能職においては、持っているスキルや、経験年数などが

仕事の大きさや価値につながりやすいため、長く働くモチベーションにつながります。また、きめ細かく整合性のある制度となるので、社員の納得度も高くなります。

一方、総合職やホワイトカラーにおいては、仕事の成果に直結するスキルがすべて定量化できるわけではないため、結果的に、年齢や年次によってグレードが決まる傾向が強くなります。

また、中途採用が多く、終身雇用という考え方ではない海外の社員にとっては、受け入れがたい方式なので、職能グレーディングを海外も含めた全社員に展開することはできませんが、技能職などに職種を絞ればグローバルに導入することは可能です。

また、この制度はグレードが年齢に比例する傾向があるため、新卒採用が中心の日本人社員の平均年齢が一定であればいいのですが、ほとんどの企業において日本人のボリュームゾーンは40歳代前後で、今後も平均年齢が上がっていくことが予想されるため、経年的に人件費が高騰していくことが避けられません。

そこで、グローバル人事を考えていくなかで、これまで日本人社員に対して運用されてきた「職能グレーディング」を見直す企業も増えてきています。

職能グレーディングのまとめ

●技術職や一般社員にとっては長く働くモチベーションにつながるので有効
●総合職やホワイトカラー、大半の海外の社員にとってはミスマッチ
●社員の平均年齢が上がると、人件費が高騰してしまう

●役割等級グレーディング

第三の道として最近導入が増えてきたのが、「役割等級グレーディング」です。

主にヨーロッパの企業で多く導入されており、役割ごとに職務レベルとグレーディングを設定し、人に紐づけていきます。

例えば、アメリカの人事部長もイギリスの人事部長も日本の人事部長も、「人事の仕事で部長職」であり、グレードとしては「10段階のうち、グレード5から7」という具合に、大まかな役割に対して幅を持たせたグレードを決めるのです。

基本的には、「職能グレーディング」のようにグレードを人と紐づけるので、例えば同じ人事部長でも、「グレード5」の社員もいれば「グレード7」の社員もいます。グレード5から7の間に関しては、職能的に、能力や経験に応じてグレードも上がりますが、「人事本部長・役員」といった次のレベルの役割に昇進しない限りは、「グレード7」のまま変わら

ないという段階をつくることで、報酬に対する合理性を担保し、経年的な人件費の増加を抑制します。

ポジションではなく人にグレードが紐づいているので、戦略的に経験をさせていくような異動も可能で、長期の雇用を前提とする日本企業にも運用のしやすさがあります。

また、部長職といった役割の定義は、個別のポジションの定義に比べると、事業の変化によってそれほど大きく変化しないので、効率よく制度を運用することができる点も、今の時代においてはメリットです。

「役割等級グレーディング」は、グローバルでも展開しやすく、長期雇用をベースとした日本人社員に対しても適用しやすいので、グローバルで統一したグレーディングを考えるのであれば、バランスの良い手法だと思います。

役割等級グレーディングのまとめ

- 課長職、部長職といった「役割」に応じてグレーディングする
- 報酬に対する合理性を担保し、経年的な人件費の増加を抑制する
- グローバルでも展開しやすく、日本企業との相性もいい

サクセッション・プランニングの重要性

実際にグローバルで配置戦略を実行しようとすると、経営上重要なポジション（キーポジション）について、後継者を指名し、育成するサクセッション・プランニング（後継者育成計画）をまず検討することになります。

日本企業では、配置戦略についてそれほど考える必要がなかった、と先述しましたが、これはキーポジションについても同様で、「重要な役職の人事は、社長と会長と人事担当役員の3人がブラックボックスで決めている」といった企業は今でも多くあります。

社員のことがよく把握できている日本国内だけのことであれば、そのままでも適切な人選ができるのかもしれません。

しかし、海外拠点のリーダーを決める場合はそうもいきません。社長や会長が海外にいるすべてのリーダー候補者を知っているわけではありませんし、そのポジションにはどんな人がふさわしいのかもわからないことが多いからです。

しかも、人材の流動性が高い海外の場合、リーダーがライバル企業に引き抜かれて突然辞めてしまう、といったリスクもあります。

そこでグローバル人事を進めていく際には、特にキーポジションについて、候補者を立てて計画的に育成できるよう、ある程度透明性のあるプロセスに変えていく必要があります。それが、サクセッション・プランニングです。

サクセッション・プランニングは、主に次のようなプロセスで実行されます。

まずは、事業計画と連動して、どのポジションがキーポジションとなるのかを特定し、そのポジションに必要なスキルや経験などの要件を設定します。

その基準をもとに、候補者を選定していくわけですが、通常、候補者は一人ではなく、代替者・本命・次世代の三人を選定することが良いとされています。

「代替者」というのは、例えば、現職者が急病で長期入院したといった場合に、すぐに代わりができるような人材を指します。キーポジションが部長であれば、副部長や、関連部門の部長などの名前があることが多いです。

「本命」とは、「次の世代を担うリーダーとしてその人になってほしいが、あと1、2年は経験を積む必要がありそうだ」といった人です。もちろん、本命の準備状況が十分な場合は、「代替者」を「本命」が兼ねる場合もあります。

そして「次世代」はさらに次のリーダー候補、または本命が離職した場合などに備えて育成しておくための人材です。

「代替者」というのはリスク管理の観点で、「本命」と「次世代」がいわゆる後継者（サクセサー）であり、事業の方向性に関わるところでもあります。

最後に、選定された後継者候補に対して、各キーポジションに着任するためにどのような育成がいつまでに必要になるか、具体的に育成計画を立てていくのです。

後継者の選定は、現職者が直接後任者を推薦し、育成計画を考えるなど、現職者が直接関わって行う場合と、そうでない場合があります。

現職者は、そのポジションに必要なスキルや経験についてはよくわかっていますし、自分の部門内にいる人のこともよくわかっています。

しかし、ポジションに求められる将来的な要件の変化や、他の部門にいる人のことについてはよくわかりません。そのため、現職者の一つ上のレベルの人が、現職者の意見も聞いたうえで、後継者の選定を行うといった場合も多くあります。

また実際には、現職者についての評価が低く、早めに交代させたいといった思惑で上のレベルの人がサクセッション・プランニングを行う、というケースも少なくありません。

サクセッション・プランニングを行うと、そのプロセスを通じて、「将来的にどこに、どんな人が、何人必要になりそうだ」といったことが議論され、明確に共有されますので、人材の需給が極めて見やすくなります。

それがわかってくると、今度は、どうやって後継者候補や次世代リーダーたちを育てていけばいいのか、という次世代人材育成にまで踏み込むことができるようになります。そういう意味で、サクセッション・プランニングというのは、タレントマネジメントにおいて最初に取り組むべきことであるといえるでしょう。

将来に備えるための「人材プール」

特定のキーポジションについてのサクセッション・プランニングを行っていくと、それに連動して、次の世代、後継者候補となる人材を一定数育成し、確保しておく必要性が見えてきます。これを「人材プール」と呼びます。

サクセッション・プランニングと人材プール管理は似ているようですが、少し性質が異なるものです。

サクセッション・プランニングは、特定のポジションについての後継者管理であり、適切な人材がいないために事業を推進していくことができなかったり、重要なポストの人が急に離職してしまったりするリスクを回避することが大きな目的です。

そのため、対象は役員層や本部長レベルのキーポジションに絞られ、必要な経験やスキルなどもかなり特定されます。

よって、候補者の選定に際しては具体的なイメージも湧きやすく、適切な候補者がいるのか・いないのかもすぐにわかりますし、順当に人材育成が行われていれば、候補者は現職者に近い人のなかから選ばれることが多いです。

ただ、必要な要件がはっきりしているがゆえに、「優秀な一人の社員が、複数のポジションの後継者候補になってしまう」ということが起こりがちです。

一時的にそうした状態になるのは仕方ないですが、後継者候補の顔ぶれが何年も変わらないとなるとリスクが高まりますので、やはり足りない部分を埋めていけるよう、次世代を育成していく必要が出てきます。

そうした次世代候補人材を、ある程度の母数で集団的に計画的に育成していく仕組みが「人材プール」です。

人材プールに選抜する次世代人材は、後継者人材とは異なり、特定のポジション要件で絞り込まない分、ポテンシャルを中心とした選抜基準になるので、バラつきも出てきます。

そこで、意図したような人材が選ばれてくるように基準をどう設定していくかというのが、人事の腕の見せ所です。

一例として、GEの9ブロック（170ページ）のようにグローバルで統一した選抜基準を設定したり、コンピテンシーモデルのような潜在能力や、行動傾向に関する客観的な評価基準を設定したりする方法があります。また、上司や人事部が選ぶだけではなく、社員からの公募と組み合わせて、人材プールを確保する企業もあります。


人材プールの選抜基準は、サクセッション・プランニングを通して見えてきた人材の不足を満たし、事業戦略、人事戦略の方向性に合致していれば、どんなものでも構いません。

例えば、事業や国をまたいで力を発揮できるリーダーを育てたいBASFでは、特定の能力やコンピテンシーではなく、「一つ上の役職を任せられるか」「一つ上で、かつ違う職種、国、または事業の役職を任せられるか」といった基準で、将来のリーダー候補を選んでいます。

また、人材プールの選抜基準は、一度決めたら簡単に変えてはいけないと考えてしまいがちですが、事業戦略や求める人材のタイプが変わってくれば柔軟に変更するべきです。そのほうが社員にとっても納得感があり、制度の形骸化を防ぐことができます。

加えて、人材プールを運用するうえで、「プールに選抜されたことを社員本人に通知するべきか」が議論になることがあります。

目的が異なる取り組みだが、連携させると効果的

	サクセッション・プランニング	人材プール管理
目的	●キーポジションについての後継者管理 ●経営および事業の空白リスク管理	●特定の目的における社員グループの選抜 ●中長期における育成ターゲットの特定
対象	●キーポジション	●全社員、または特定層の幅広い社員
選抜基準	●ポジションに必要な特定の経験、スキル	●目的に沿った要件 ●ポテンシャル、将来性を中心とした選抜基準
選抜プロセス	●キーポジションの現職者および上位の管理職による選抜	●管理職からの推薦 ●社員からの応募
課題	●特定の社員が複数のポジションの後継者になりやすい ●人選の範囲が限られ、後継者候補の母数が増えない	●要件が曖昧なため、選抜される社員の質がばらつく

これに関しては、人材プールそのものの位置づけや運用方針がはっきりとしていれば、選ばれた社員本人の意識を高めるためにも通知するほうがメリットは大きいでしょう。実際、通知している企業のほうが多いようです。

ただし、人材プールは多くの場合、一定期間のなかで再評価し、入れ替わる可能性があることを前提にして運用されています。前述したとおり、人材の価値は不変ではありませんし、基準が変われば、選ばれる人材も変わってきて当然です。

よって、本人に通知している場合は、プールから漏れてしまった人材に対して、またチャンスはいくらでもあることを適切に伝えることが必要です。

GEが9ブロックをやめた理由

ここで、人材プールの例として、非常に有名なGEの「9ブロック」を紹介しましょう。

9ブロックとは、いわゆる次世代リーダーの人材プールをつくっていくために設計された評価基準です。「業績」と「GEグロースバリュー（39ページ）」の2軸のレベルをそれぞれ3段階ずつに分けた9ブロックのなかに一人ひとりの社員をプロットしていき、優秀な5％をあぶり出していきます。

GEでは、経営人材となる次世代リーダーというだけではなく、「人事部門における優秀人材」「経理部門における優秀人材」といった形で、職種ごとにも専門性をもった優秀なリーダー候補を選抜するような仕組みになっていました。

この9ブロックによる評価をもとに、年に一度、個人の評価とともに「組織としてどんな人材が必要なのか」「今いる人材とのギャップはどこなのか」「ギャップを埋めていくためにどうすればいいか」といったことを話し合うのがGE独自の人事制度「セッションC」です。

9ブロックはGEの評価方法、育成方法の成功事例として広く知られるようになり、日本企業を含め、多くの企業がその手法を取り入れました。

しかし、実は今、GEでは人材プールをつくるために、9ブロックという手法を使っていません。

GEで使わなくなった理由は様々いわれていますが、私は、もはやGEでは人材をいちいち9ブロックに当てはめて測る必要がなくなってしまったからだと考えています。

当初、GEは、誰が優秀な人材なのか、そうでないのかが全く見えなかったため、見える化するための仕組みとして9ブロックを導入したわけです。

しかし、9ブロックによる人材評価を続けていくことで、優秀な人の基準のようなものが全社に行き渡り、9ブロックがなくても、「誰が優秀なのか」がおよそわかるようになってきます。

最初のころは優秀さの定義をある程度はっきりさせ、共有しなければなりませんが、評価軸が定着してしまえば、一人ひとりに対して細かく点数を出して相対評価のための議論を重ねていくような手間をかける必要はなくなります。

そうすると、「人を選ぶ」作業を効率化できるので、一人ひとりの人材の育成計画を細やかに考えることに時間を使おうということになるわけです。

もう一つ、事業戦略から求める人材像が紐解かれ、選抜基準として展開されている例として、前著『世界最強人事』でも紹介した、スターバックス コーヒージャパンの3ボックスも好例といえます。シンプルで合理性があればあるほど、共通の評価軸を定着させやすくなります（175ページ図）。

サクセッション・プランニングや人材プール管理において重要なことは、人材の需給ギャップを明確にして、不足となる人材に対して供給できる母数を確保し、継続的な事業成長を支えるということです。

よって、人事としては「こんな人材をいつまでに何人育成する」といった数値目標を大ま

事例から学ぶ:計画人事を実行する手法

■GE:9 ブロック　育成する人材を明確にして集中投資する

「セッションC」

個人の評価はもちろん、該当組織が必要としている人材はどんな人材か、またそれは今在籍する人材とギャップがあるのか、あればどう埋めていくのかを明らかにするディスカッション

「9ブロック」

「業績」と「バリュー」の2軸のレベルをそれぞれ3段階ずつに分けた9マスのなかに社員をプロットしていく手法。日本を含めた世界中の企業でリーダー育成の基本的な手法として取り入れられた

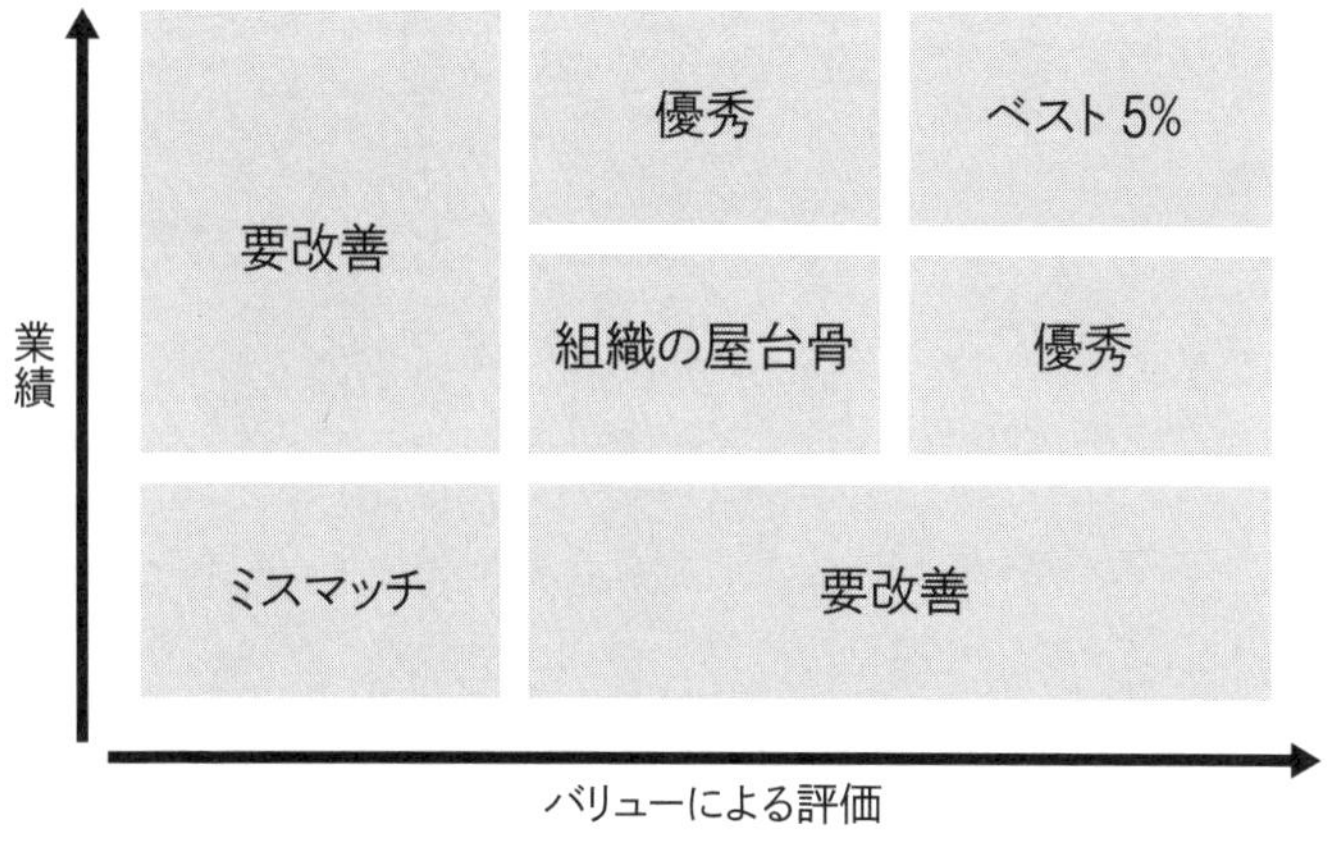

かにでも意識して実行することがポイントです。

その目標に対する達成度合いに応じて、選抜基準を見直したり、選抜する人数を調整したり、といった微調整を行い、できる限り早く需給のギャップを埋めるようにします。

逆にそういった目標がなければ、サクセッション・プランニングや人材プール管理などを急いで始める必要はありません。制度を入れること自体が目的化してしまうと、数年で取り組みは形骸化してしまい、社内の理解も得られないままというケースも多くあります。

事業の方向性を見据えたうえで、なにをやるべきか・やるべきではないのかを冷静に判断して施策を考えていくことが大切です。

事例から学ぶ：事業特性に合わせて、リーダーに求めるられものは変わる

スターバックス コーヒージャパン

> 私たちは空腹を満たす仕事をしているのではない。
> 魂を満たす仕事をしているのだ。
> ――スターバックス　ハワード・シュルツ

店舗での顧客一人ひとりのExperienceと奉仕の心が世界を変えた	「コーヒーを飲む」だけではなく、「コーヒーを飲むひとときを楽しむ」場所

- テイスティングサービス
- 店舗ごとのサービス(コーヒースクールやメッセージカードなど)

この方針を実行できる店長をいかに選び育てるか

↓

3項目のポテンシャル評価で人材選抜

意欲	能力	エンゲージメント

パフォーマンスによる運・不運の変動要素を排除し、中長期的なリーダー候補の選抜を可能にする

ケーススタディ

2

ジョンソン・エンド・ジョンソン株式会社メディカル カンパニー人事部ディレクター

黒川華恵氏

2015年3月ジョンソン・エンド・ジョンソン株式会社メディカル カンパニーに入社。同社の人事責任者として、組織開発、人材育成および開発等を担当。

変化の激しい事業環境に備えるため、多様な人材を活用し、グローバルで通用する優秀な人材を育てたい。多くの企業が持つ難しい課題に正面から取り組んでいる企業の一つが、ジョンソン・エンド・ジョンソンです。若いころから様々な経験をさせて、将来のリーダーの質を変化させていくために、人事部のリーダーシップはどのように発揮されているのでしょうか。

ダイバーシティ&インクルージョンによる人材育成

ジョンソン・エンド・ジョンソンは、世界60カ国以上の国に250以上のグループ企業を有し、数多くの医薬品・医療機器、消費者向け製品を提供する世界最大級のヘルスケアカンパニーです。トップクラスの企業ではありますが、日進月歩で技術革新が進むこの業界では、多様化する顧客ニーズをいち早く捉え、最先端のテクノロジーを駆使した新製品を真っ先に市場に投入し、勝負していかなければ、その地位を保っていくことはできません。

そのためには「多様性のなかで違いを認めつつ、uncomfortableなものをビジネスの武器にしていける人材が必要」と、メディカル カンパニー人事部ディレクター黒川華恵氏は話します。同社における成長を加速させる人材育成の取り組みについて伺いました。

多様性を力に変える「価値創造人材」の育成

VUCA（Volatility／変動性、Uncertainty／不確実性、Complexity／複雑性、Ambiguity／曖昧性）の時代といわれますが、顧客のニーズが多様化し、ビジネス環境が複雑になってきている今、企業が常に成長し続けるために必要なのは、やはりイノベーションです。弊社でもこの数年、イノベーションへの投資が加速しています。

ジョンソン・エンド・ジョンソンの人事のなかでも「イノベーション」は大きなテーマとなっており、旧来の人材マネジメントを見直す動きが出てきていると黒川氏は言います。

そもそも、営業はこうあるべき、マーケティングはこうあるべき、研修はこうあるべき、といった型にはめる考え方自体がもう機能しなくなっていますよね。求める人材のコンピテンシーを定義するような人材マネジメントの考え方も、刻々と変化する時代には時代遅れになってきています。

例えば今、アメリカ本社では、「価値創造（バリュークリエイション）」という観点で人材評価をするべきではないかといったことが議論されています。

これまでタレントマネジメントは、組織内で一番重要なポジションの人材を中心に行ってきました。ですが、「価値創造」という観点で見ると、本当に顧客や市場に対して「価値創造」ができている人というのは、組織の一番上だけでなく、各階層に存在します。だとすれば、むしろ「価値創造人材」のタレントマネジメントが重要なのではないかというわけです。

ビジネスが複雑化し、顧客のニーズも多様になってきている今の時代には、多様性のなかで大きな「価値」を創り出していける人材の確保、育成が急務になってきています。

しかし、それを難しくしているのが、大量生産時代から変わらない、日本ならではの現場の人材マネジメントの在り方です。

日本の企業は、大量生産時代の同質的な人材マネジメントを引きずっているところが多く、面白いアイデアのある人、少し変わっている人は規格外扱いされるだけでなかなか生かされません。

しかし今後は、なにか uncomfortable なもの、居心地の悪さをビジネスの武器に変えていける力が大切。居心地が悪くても多様性を受け入れ、違いを認め、その違いを洞察することで得た知恵をビジネスに生かす力を養ってほしい。

これは、残念ながら同質の人たちの仲間内で同じ仕事をしているだけでは育ちません。ですので、どうにかして uncomfortable な環境を与え、経験を積んでいただきたいと考えています。

■若手に多様な経験を積ませる「Jラップ」

若手社員に「uncomfortableな環境での経験を積ませる」ために行われているのが、2015年から毎年続けられている「Jラップ」という制度です。

「Jラップ」とは、20代後半から30代前半のポテンシャルの高い若手を各事業部から選抜してもらい、人事主導で事業部の異動や職種の転換を図るという制度で、毎年20名ほどがその対象となっています。

我々のメディカル カンパニーでは新入社員は全員、まずは各事業部の営業職として送り込まれます。それはそれで悪いことではないのですが、人によっては、英語を使う機会もないまま、10年も20年も同じ事業部に囲い込まれてしまうケースがあります。

そうした人は40代になったとき、素晴らしい営業のプロにはなっているとしても、グローバルや他の事業部を巻き込んで、侃々諤々議論しながら進めていくようなポジションにつくことが難しくなります。

これまでにも「30代に営業から離れたコーポレート部門やグローバルでの職務を経験して

いれば、今ごろは事業部長、将来の社長候補だったかもしれない」と思えるような人に何人も会ったことがあります。こうした状況は、人事がある程度強いリーダーシップで改善しなければと思っているのです。

エース級の社員を他の事業部に奪われてしまうという考え方もあり、当初は現場の反発も強かったそうですが、説明会を何度も開き、社長のお墨付きを得ながら現場の理解を求めたり、異動先でうまく受け入れられず戸惑う若手社員に対して個別面談をしたりするなどきめ細かくサポートを行った結果、4年間で70名弱のJラップ経験者が誕生。徐々に現場の理解も得られるようになってきたといいます。

しかし、黒川氏は「グローバルのなかで競争していくという観点では、今のこの日本のスピードでやっていたら間に合わない」と強い危機感を持っています。特に意識するのはアジア地域の若手人材の成長です。

アジアパシフィックは、グローバルのなかでもアメリカに次ぎ、2番目に大きいマーケットになってきていて、日本としてもアジアを意識せざるを得ません。

そうしたなか、インド、中国、東南アジアの国々では、日本と違って中堅層が薄いということもあり、若手の成長が早いのです。

30代前半で、英語ができ、複数の事業部や海外で働いた経験を持ち、MBAも取っている、などという人材がどんどん出てきています。そうなると、30代前半で、国内の一事業部で営業とマーケティングをやってきました、というのでは、残念ながらなかなか太刀打ちできないのです。

■1カ月の若手人材向け海外勤務プログラム

アジアの若手人材の成長を目にするにつけ、黒川氏が特に課題と感じるのが「若手人材の海外経験の不足」だと言います。

どんなに優秀な人材でも、グローバル・コミュニケーションができないと、グローバルで活躍できないという現実があります。言語も大事ですが、まずはマインドセットが変わらないと仕事にならない。

そのためには、やはり早いうちに海外経験を積ませる必要があります。

弊社はグローバルカンパニーなので、海外経験を積めるようなグローバルのプログラムは数多くあるのですが、これまではリーダー層向けのものが主で、若手向けのものがなかったのです。

そこで、黒川氏が立ち上げたのが日本発の若手社員向け短期海外勤務プログラム「Talent Immersion Program」です。このプログラムには、他国の人事を巻き込む必要があるため、黒川氏は、アジアパシフィックの人事リーダー会議の場でこれを提案。すると、同様の課題で悩む中国、韓国の賛同を得ることができました。

英語のハンディがないインド、オーストラリア、東南アジアはそこまで課題と感じていなかったようですが、「面白い」とは思ってもらえたようでした。

できるだけスムーズに実現させるため、ビザなどの問題もなく、出張ベースで行ける1カ月の短期プログラムとし、まずは受け入れ先を見つけるため、黒川氏は各国の事業部のマネジャーたちに参加者の成長を促進させるような仕事の割り振りを依頼しました。すると、30ほどの提案が上がってきたそうです。

実はこのプログラムは、ハイポテンシャルな若手を1カ月自由に活用できるということで、受け入れ側にもメリットがあるのだということがやってみてわかりました。

早速、希望者を募ると、アジアパシフィック全体から47名が集まりました。

想定外に多かったので、アジアパシフィック各国の人事と連携し、どの人がどこに行ったらいいのかというマッチングをリーダーとともにやってもらえるよう依頼しました。コントロールは大変でしたが、人事内の横の連携が進み、海外にどんな人材がいるのかを知る良い機会にもなりました。

黒川氏はこのプロジェクトを通じて日本人人材のポテンシャルの高さを実感したそうです。

日本人は英語が苦手ということもあり、プレゼンの場などではあまり光らないのです。ところが、実際に仕事をやらせてみると「しっかり最後まで仕事をやり遂げるし、提案力もあって素晴らしい。またこんな人を送ってほしい」と、非常に評価が高かったのです。

また、このプログラムをきっかけとして新しいビジネス展開が生まれた例もあったといい、黒川氏は「私にとっての最終的な学びは、こうして人材が動き、交わることで、ビジネスのイノベーションは加速していくのだろうなということを、実感できたことでした」と話します。

最後に黒川氏は、若い世代をどう育成するかが将来のリーダー人材の「質」を決めると言います。

若手には「自分たちがいいと思って信じたことは、どんどんやりなさい。どんどん始めてみなさい。もし、マネジメントの力を借りて、さらにそれが加速できるものであれば、どんどん言ってきてください」と話しているんです。

本インタビューは2017年12月5日に実施しました。

第4章

グローバル・リーダーをどのように育てるか

この章のポイント

□グローバル人事には意図的に人材を育成していく「計画人事」が不可欠

□人事評価を企業の戦略に沿ったものにする

□グローバル・リーダーを育てるためには「研修」より「経験」

抜擢人事の危うさ——計画人事の必要性

日本企業では、ときおり「15人抜きで40代の社長が誕生しました」などと、経営者の若返りを狙った抜擢人事が行われ、話題になることがあります。

こうした大胆な抜擢人事は、経営陣の高齢化を解消し、企業イメージを刷新する意図で行われることが多いわけですが、海外企業において、トップをこのような形で抜擢することはほとんどなく、非常にリスキーな人事といわれます。

海外企業の場合、よほどの理由がない限り、社長のように最も経験が必要とされるキーポジションに経験の浅い人材をアサインすることはまずないからです。

抜擢人事の例

２０１５年、三井物産では執行役員であった安永竜夫氏（54）が「32人抜き」で社長に就任、大きな注目を集めました。その他、富士通の田中達也執行役員（58）は「10人抜き」、デンソーの有馬浩二専務（57）は「14人抜き」で就任。ホンダの八郷隆弘常務執行役員（55）は、取締役「9人抜き」で社長に就任しました。

ここで、なぜ日本企業でしばしば「抜擢人事」が行われるのか、そのメカニズムを検証しましょう。

次ページの図は、日本の役員会によくある年齢構成を示しています。日本企業の社長の平均任期は7～8年ですので、55歳で社長に就任した場合、63歳となる8年後にどうなっているのかを表しています。

日本企業の場合、取締役会に同じ年代の人がずらりと並ぶということが珍しくありません。社長が63歳になったとき、右腕となる取締役も62歳、60歳となります。この2人はこの8年の間に、経営の一翼を担い数々の経験を積み、求心力を得る存在になっています。しかし高齢のため、次期後継者になることはできません。

では、その下の常務執行役員や執行役員はどうかというと、上が動かないので、長らくポジションが変わりません。

そして、社長の交代時期になって、数人の役員を抜く形で、取締役経験がないまま、55歳の常務執行役員が社長に任命されるといった「抜擢人事」が行われる、ということになるの

▌日本企業の抜擢人事の実態

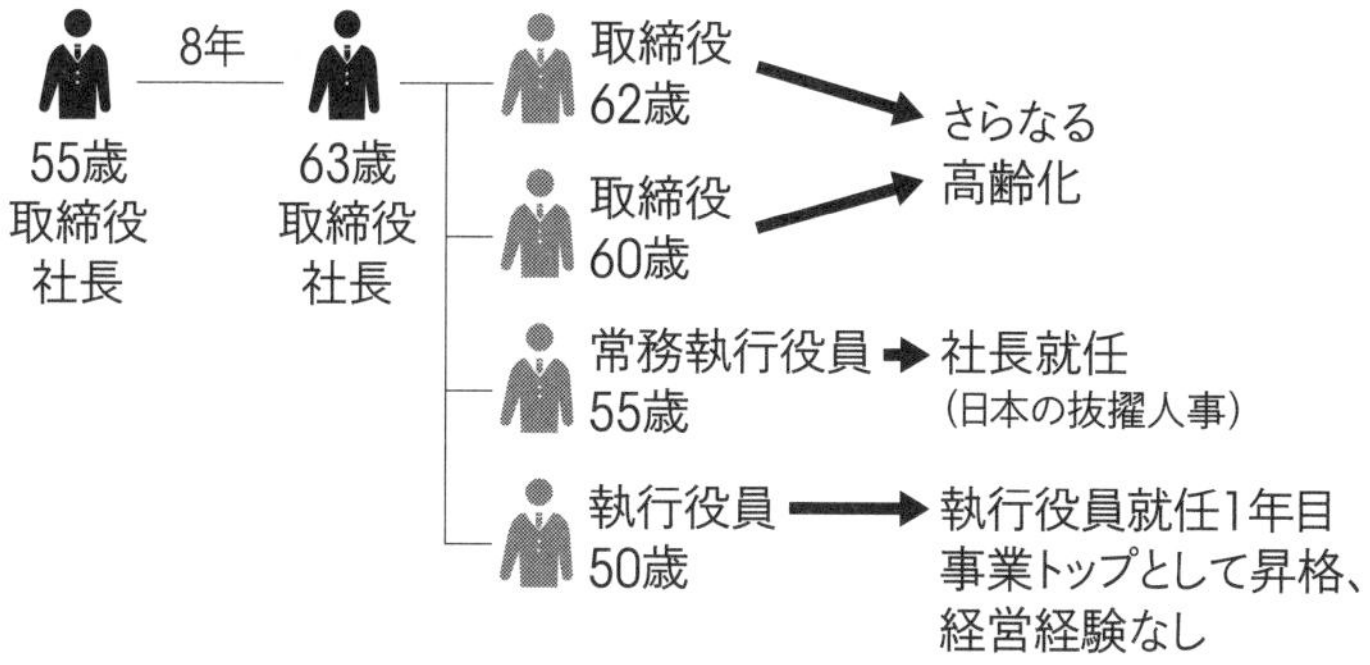

です。

しかし、経営の経験というものは、役員であれば誰でも得られるものではありません。第2章で説明したとおり、経営の仕事の質においては、経験が大変重要な要素となります。にもかかわらず、経営の仕事を経験しないまま、最も重要なポジションである経営トップに就任するというのは非常にリスクのある人事です。

このように、役員の年齢構成を見るだけで、企業の将来というのはおよそ見えてきてしまうものなのです。

では、どうすれば計画的な人事ができるのでしょうか。

先ほどの例でいえば、55歳で社長に就任する時点で、少なくとも何年か取締役としての経験を持っていなければなりません。よって、前社長の8年の任期の前半、つまり50歳ごろに取締役に就任する必要があります。

さらに、同じく50歳前後の取締役を複数人任命します。そうすれば、社長交代時期に、55歳前後で取締役の経験を数年積んだ人が複数存在しますので、そのなかからふさわしい人材を選んでいけばいいわけです。

これを逆算していくと、50代半ばで社長を選出していくのであれば、40代後半の役員や本部長、40代前半の部長をつくらないといけない、ということがわかります。

海外企業では、変化していく事業環境や、中長期的なビジョンを見据えて、タイプの異なる候補者を常に2〜3名つくって、実際の社長交代時期の経営状況に合わせて、最適な人をトップに選ぶというシステムになっています。


なぜ海外企業では、入念に計画的な人材育成を行っているのでしょうか。

それは、日本に比べ、極めて人材の流動性が高く、不確実な環境であるためです。経営を安定的に持続させていくために、先々のリーダーの顔ぶれや人材像を予想して、意図的に育成していく「計画人事」を行う必要があります。

グローバル化や人手不足が加速する日本においても、今後は同じリスクを抱えることになってきますので、「計画人事」が非常に重要な考え方になります。「計画人事」の実行にあたっては、第3章で解説したサクセッション・プランニングと人材プール管理に最初に取り組むことになります。

しかし、それだけでは、継続的な人材育成にはつながりません。現実的には「キーポジションの後継者候補がいない」「プールとして選ぶ人材にも不足する」ということも少なからずあるからです。

つまり、優秀な人材を抜擢し、意図的な配置で経験を積ませるということは、それなりに人が育っている企業においては十分に機能しますが、早急にグローバルで活躍できるリーダーを育てなければならない日本企業にとっては、同時に全体の底上げと、全社的な育成の仕組みづくりに取り組んでいかなければならないのです。

では今後、グローバル・リーダーを多く育成するには、具体的にどのような人事制度が必要になるのでしょうか。

鍵となるのが、人材の価値や成果を測る重要な基準となる「人事評価」と、意図的にチャレンジとインセンティブを与えるための「育成制度」です。

人事評価において大切なこと

人材の価値や成果を正確に測り、社員の成長やモチベーションにも大きな影響を与える人事評価は、人事制度のなかでも最も重要な制度の一つといえます。

また、人材プールの選抜基準やサクセッション・プランニングでは、過去の人事評価情報を使用するケースも多く、人事評価が適切に行われていないとなると、すべての戦略の精度が狂ってしまうことにもなりかねません。

当たり前のように行われている人事評価ですが、実はタレントマネジメントにおいて根幹となる屋台骨です。

特に人材の底上げを早急にしていかなければならない日本企業にとっては、社員の目的意識や成長意欲の醸成につながる評価制度を設計する必要があります。

企業にとって人事評価とは、理念や戦略を示し、社員一人ひとりの成功と、企業の成功を同じ方向に向けるための手段ともいえます。

このとき、人事部門は制度を設計することだけでなく、評価プロセスに積極的に関与し、上司がより客観的な視点で正しく評価が行えるよう支援していかなければなりません。

また、グローバル人事を進めるうえでなにより大切なのは、「評価制度に透明性を担保する」ことです。なにをどう評価されているのかわからないということでは、社員のモチベーションを下げ、成長意欲を削ぐことにつながります。

なかでも海外の社員にとって重要なのは、「なにをもって評価されるのか」「誰によって評価されるのか」、そして「最終評価はどのようなプロセスで決まるのか」といった評価プロセスの基本となる3点です。


では、そもそも人事評価とはどういうことなのか、どんな方法があるのかを整理したうえで、グローバル人事を進めるうえでの評価制度の課題を解説していきましょう。

戦略に合った評価制度を選択する

主な評価方法には、「MBO（目標管理制度）」「コンピテンシー評価」「360度評価」「業績評価」「能力評価」の五つがあります。

これらの評価は、それぞれ目的に応じて使い分けられるべきものです。なんとなく毎年同じ人事評価を続けていくのではなく、今使われている評価の仕組みが、そもそもなにを目的に、なにを評価しているのか、それを通じてどんな戦略や理念を体現しているのか、目的に合っているのか、ということを適宜、見直すことも大切です。

●MBO（目標管理：Management By Objectives）

あらかじめ評価者（上司）と、被評価者（部下）との間で目標に関する合意を結び、それに対する達成度で評価をする制度です。ピーター・ドラッガーが組織マネジメントの手法として提唱した概念で、現在は評価制度の一つとして広く認知されています。

基本的に、目標に達しなければ評価が低くなり、目標を上回った成果を上げれば評価が高くなります。

MBOを採用している企業は多く、日本でも定着していますが、個人の目標だけを設定している場合、組織の業績との連動性を個人の評価に反映させることが難しくなるため、個人目標と組織目標を組み合わせる場合が多いといえます。

また、それぞれの仕事の目的をお互いに理解して、協力しやすくするために、他の社員の目標を公開する企業もあります。

●コンピテンシー評価（行動評価）

「当社の社員のあるべき行動」あるいは「優秀社員の行動」をコンピテンシー（行動特性）として基準化し、その指針、コンピテンシーに則った行動をしているかどうかを評価するという手法です。社員個人の価値について一定の客観性をもって評価することができます。

行動評価の結果は、処遇に活用するだけでなく、その後の指導育成に役立てることができます。

また、ＭＢＯが成果に基づいた目標設定になりやすいことから、ＭＢＯと組み合わせ併用することで仕事の進め方やプロセスなど行動の質を見ていこうとする企業もあります。

●３６０度評価（多面評価）

ある人物に対し、あらゆる角度（上司、同僚、部下など）から評価することです。人事評価においては、直属の上司が部下を評価する方法が一般的ですが、その場合、評価結果が評価者の先入観や価値観に大きく影響されます。

そこで、複数の視点で評価して客観性を高めるために、直属の上司だけではなく、同僚や部下、他部門の関係者などが多面的に評価を行うことを、３６０度評価（多面評価）といいます。

多くの企業で導入されていますが、実際の運用上は、人事評価ではなく人材育成や組織活性化などに活用されているケースが多いといえます。

●**業績評価**

業績評価とは、企業の業績結果に基づき評価を行うという考え方です。職種によっては個人の活動と業績との連動性が限定的であったり、間接的であったりすることが多く、個人ごとの評価が曖昧かつ主観的になりやすい傾向があります。

一方で、原資に対する報酬配分をコントロールしやすいため、人件費を適切に管理することができます。

●**能力評価**

能力評価とは、業務を遂行するうえで必要な、あるいは有用な知識や技術や姿勢に基づき評価を行うという考え方です。能力には資格や検定の結果など客観的に測定可能なものもありますが、多くは主観的な評価に頼らざるを得ません。主に技能職において用いられる評価制度です。

評価制度はグローバルで統一しなければならないのか

これらの評価制度のなかで、グローバル企業で標準的に採用されているのが「ＭＢＯ」です。目標を明確にしてなにを達成すればよいのかということをクリアにする考え方は、海外でも一般的です。

ＭＢＯを機能させるために重要なのは、まず「なにをすれば評価されるのか」、つまり「目標設定を適切に行うこと」です。

かつての日本企業では、ＭＢＯといいながらも、明確な目標が示されないまま「頑張ってくれたから何点」といった基準が定かではない評価が行われることも多かったと思います。

しかし、評価制度を事業や個人の成長につなげていくためには、まず目標が明確になっていなければなりません。曖昧な目標は、上司と部下の間で目標達成度合いや、成果の認識にギャップを生むことにもつながります。

目標設定を的確に行うためには、「ＳＭＡＲＴの原則」という考え方が広く用いられます。

これは、社員が目標を常に意識して行動し、成果に結びつけられるために、目標をどのように立てるべきかを表したもので、一つひとつの文字が、目標を立てる際のポイントの頭文字となっています。
Specific……具体的であること
Measurable……測定可能であること
Attainable……達成可能であること
Result-based……成果に基づいていること
Time-oriented……期限が明確であること
この五つの枠組みに従って目標を立てることで、目標設定を適切に行い、上司と部下の間で、達成すべきことの共通理解を明確にすることができます。
また、グローバル人事を考えていくにあたって、「評価制度はグローバルで統一しなければならないのか」といった質問をよく受けます。
もちろん、グローバル人事のモデルとしてどこを目指しているかによって異なりますが、セントラル人事（34ページ）やマルチナショナル人事（35ページ）を目指す場合は、評価制度は国によって最適なものを選びさえすれば、バラバラでも大きな支障はありません。
例えば、マルチナショナル人事において、グローバルで優秀層の選抜を行う場合には、人事評価情報を利用することがあるかもしれませんが、その場合も、各国の評価結果の「読み替え」さえできれば、選抜は可能です。同じ5段階評価であったとしても、日本の評価「3」

と、アメリカの評価「3」の意味が異なれば、どちらかに合わせて読み替えるのです。

また、優秀人材の選抜だけではなく、サクセッション・プラニングなどで各国の人材を比較するときなど、頻繁に評価情報を利用するのであれば、そういった層の人材に関しては評価基準を合わせることもあります。

一方で、インターナショナル人事（38ページ）を目指す場合は、評価基準や評価プロセスをグローバルで合わせていくことが大切です。国ごとに評価に関する考え方や業務が全く違うということでは、グローバルな環境で評価を行うのは難しくなります。また国をまたいだ組織などもできていくので、国ごとにバラバラでは、評価制度そのものが成り立ちません。

コンピテンシー評価は本当に有効なのか

「コンピテンシー評価（行動評価）」は人材評価の手法として、多くの日本企業で使われています。

日本企業には、業績・成果や、目標に対する達成度だけでなく、仕事の質や仕事に対する姿勢を評価したい、あるいは、企業の理念や価値観などを体現している人を評価したいという考えが他の国の企業よりも強い傾向があるように思います。それを客観的に評価できる手法がコンピテンシーなのです。

ただし、コンピテンシー評価には難しさもあります。

それは、コンピテンシーそのものが共通の価値観として理解されるまでに時間がかかるというところです。

例えば、「コミュニケーション力が高い」といっても、会社や職種によってどういった意味で使っているのかは異なります。難しいことを簡単に表現できるような能力を持つことかもしれませんし、人前で理路整然と物事を語れることかもしれません。または、他部署との調整能力が高いことをコミュニケーション能力と考えている人がいるかもしれません。

そうなると、「コミュニケーション力の高い人を評価する」という方針があったとしても、人によって評価基準はバラバラになってしまいます。

よって、部門ごと、職種ごとなどで、それぞれのコンピテンシーをどのように捉えるべきなのかについて丁寧に会話しながら、理解を深めていくことになります。

そのため、コンピテンシーが、その会社の人材に対する評価においてどんな意味を持っているのかという共通認識ができるまでには、それなりに時間がかかってしまうのです。

もちろん、項目を細分化して増やしていけば、そうした誤差も少なくなりますが、項目が増えれば増えるほど、評価者はだんだんといい加減に評価するようになってしまうので、数を増やすことはあまり得策ではありません。

こうした評価基準の定着を5～6年かけてじっくりとやっていこう、ということであればいいのですが、短期的には、評価者ごとの誤差がかなり出てしまうので、辛抱強く評価者研修などを続けて浸透を図ることが必要です。


実は、コンピテンシー評価の定着を早めるには一つ方法があります。

それはコンピテンシー評価の項目ごとに、それぞれの社員が「具体的な目標を立てる」ことです。

例えば、「コミュニケーション力を高める」のような漠然とした行動目標ではなく、それぞれの仕事内容やスキルレベルに合わせて「他社へのプレゼンが一通りできる」「お客様とのネゴシエーションを一人ですべて行えるようになる」といった具体的な目標を立て、それができたかできなかったか、という達成度で評価するわけです。

また多くの場合、行動評価は目標設定をすることなく、期末に評価だけを行う形になっていますが、それではコンピテンシーの項目に対する理解度はなかなか深まっていきません。

職種や役職ごとに、ある程度目標のサンプルをあらかじめ作成し、実際に目標設定をしたうえで期末評価することで、具体的な行動を「した」か「しなかった」かで評価できるため、評価者にとっても評価しやすく、また社員にとっても目標に沿ってどのように行動を変えればよいのかを理解しやすくなります。

そうなってくると、次第にどのような行動が求められるのかを体感的に理解できるようになり、共通理解としての浸透を早めることができます。コンピテンシー評価を短期間で機能させるためには、この方法しかないように思います。

適切なフィードバックが人を育てる

グローバル人事を行う日本企業にとって、人事評価における最も大きなチャレンジは、実は評価制度そのものよりも、評価のフィードバックのほうかもしれません。

従来、日本企業では、なぜその評価結果になったのかということについて、社員に十分に説明をすることはなく、社員も暗黙的に了解していくものであるという考え方が一般的でした。

しかし海外では、それは許されません。評価のフィードバックは必ず行わなければなりませんし、評価がどのようなプロセスで行われ、どのような基準によって評価されているかということを社員に説明し、了解を得る必要があります。つまり、評価制度がどのようなものであっても、制度の透明性を担保することが重要なのです。

また、長期雇用を前提としていない海外においては、毎年の評価は社員にとって非常に重要ですし、モチベーションに大きな影響があります。フィードバックの内容に納得がいかなければ、退職につながりかねません。それほど、評価のフィードバックは重要で、適切なフィードバックの手法を学ぶことは、管理職や人事にとって大切なことなのです。

またフィードバックは、社員一人ひとりに評価を伝える場であるだけでなく、成長を促すアドバイスを提供するチャンスでもあります。

自分の評価を聞くタイミングというのは、最も話を聞く準備ができています。良い内容であっても悪い内容であっても、フィードバックは慎重に行わなければなりません。

フィードバックの手法には、その内容によって「ポジティブ・フィードバック」と「ネガティブ・フィードバック」に分かれます。

ポジティブ・フィードバックとは、評価対象者の良かった点を取り上げて、どこが良かったのか具体的に褒める手法です。評価対象者の能力やモチベーションを高め、望ましい行動がとれるよう導くために行います。

良い評価を伝えるので、評価者にとってフィードバックしやすいわけですが、「頑張ったね」といった曖昧な表現は、かえって評価対象者を白けさせてしまう場合もあるので注意しましょう。

モチベーションを高める非常に良い機会なので、「今回の成果が組織や評価対象者にとってどれほど重要なことか」「今後のどのように期待しているか」を具体的にフィードバックすることが必要です。


一方、ネガティブ・フィードバックは、評価対象者の行動の悪かった点について指摘し、自覚と反省を促し、改善や成長につなげるために行います。

ネガティブ・フィードバックは受ける側にとって耳が痛い指摘であり、伝え方によっては、意図せず評価対象者のモチベーションを大きく下げてしまう可能性があるので、ポジティブ・フィードバックよりも難易度が高いといえます。

「きみはなにをやってもダメだ」などと人格を否定するような言葉を用いないことはもちろん、「この部分はきちんとできていて評価できるが、あの部分は期待に届いていない。その原因として、この取り組みについてこういう改善点がある。改善案については、こういうトレーニングを考えていて、それが改善されれば、さらに大きな成長が十分期待できる」など、ポジティブな面にも触れることがポイントです。

そのうえで、ネガティブな部分および改善策を具体的に伝え、最後に期待について語るなど、理解されやすい伝え方をする工夫が必要です。

以下に、ネガティブ・フィードバックを行う際の適切なコミュニケーションプロセスと、やってはいけないことをまとめます。このステップに従って会話を組み立てることによって、改善ポイントを合理的に伝え、改善を促しやすくなります。

最も意識してほしいことは、「これがダメだった」と伝えるのではなく、あくまで「期待に届いていない」という伝え方をすることです。

特に海外の社員においては、まず役割（Job Description）と期待（Expectation）があり、それを前提に仕事をしています。「期待に合っているか否か」ということが評価基準であり、「ダメかどうか」という主観的な表現では理解されないので注意しましょう。

ネガティブ・フィードバックを適切に行うためのコミュニケーションプロセス

●ネガティブ・フィードバックを効果的に行うためのプロセス

①傾聴・事実の確認（客観化）、②認知・期待の表明、③具体的な不足の確認、④今後の

目標の明確化
●やってはいけないこと
①その場しのぎ、②他人との比較、③不明確な根拠の提示

「ノーレイティング」と「1 on 1ミーティング」

最近よく耳にする評価制度が、「ノーレイティング」です。GEやMicrosoftなどアメリカ企業が次々とノーレイティングを始めている、ということで話題になりました。実際、アメリカ企業でノーレイティングという評価制度を採用する企業は増えています。

とはいえ、「どんな企業も、ノーレイティングを導入しなければグローバル人事ができない」というものではありません。ノーレイティングにもメリット、デメリットがありますので、まずは、どのようなものなのか理解をしたうえで、必要があれば導入するということでいいでしょう。

ノーレイティングは「人事評価をしない」ことであるかのように誤解されていますが、そうではありません。評価はするのですが「社員をベルカーブによってA、B、Cといった形

でランク付けすることをやめる」というのが正確な定義です。

ベルカーブによる相対評価とはなにかというと、人件費の原資に基づいた評価配分を、例えばA評価2割、B評価6割、C評価2割、といった形で決めておき、そこに合わせて評価結果を分布させるというやり方です。

このメリットは、それぞれの評価ごとの人数を予定調和的に確定できるため、人件費の管理が非常にしやすいという点です。


しかし、ベルカーブによる相対評価方式にはデメリットもあります。

最大の欠点は、年に一度、A、B、Cといった形で評価をするだけでは、一人ひとりについて細やかな評価ができない、という点です。B評価のなかには、限りなくAに近いBから限りなくCに近いBまでありますが、どれも同じBという評価になってしまいます。

しかも、その人が本当に成果を上げているのか、たまたま景気が良かったために成果が出ただけなのかは、あとで評価の情報を参照しても、Bという結果だけではわかりません。

また、努力に努力を重ねて成果も出ているのですが、たまたま同じ事業部に非常に優秀な人材がいると、相対評価の結果として「あとちょっとでAというところでB評価になってしまった、隣の事業部ならAなのに」という人も出てきます。一度や二度ならばともかく、B

ベルカーブ：一般的な評価分布
この分布に基づいて、賞与や昇給などの原資配分が行われる

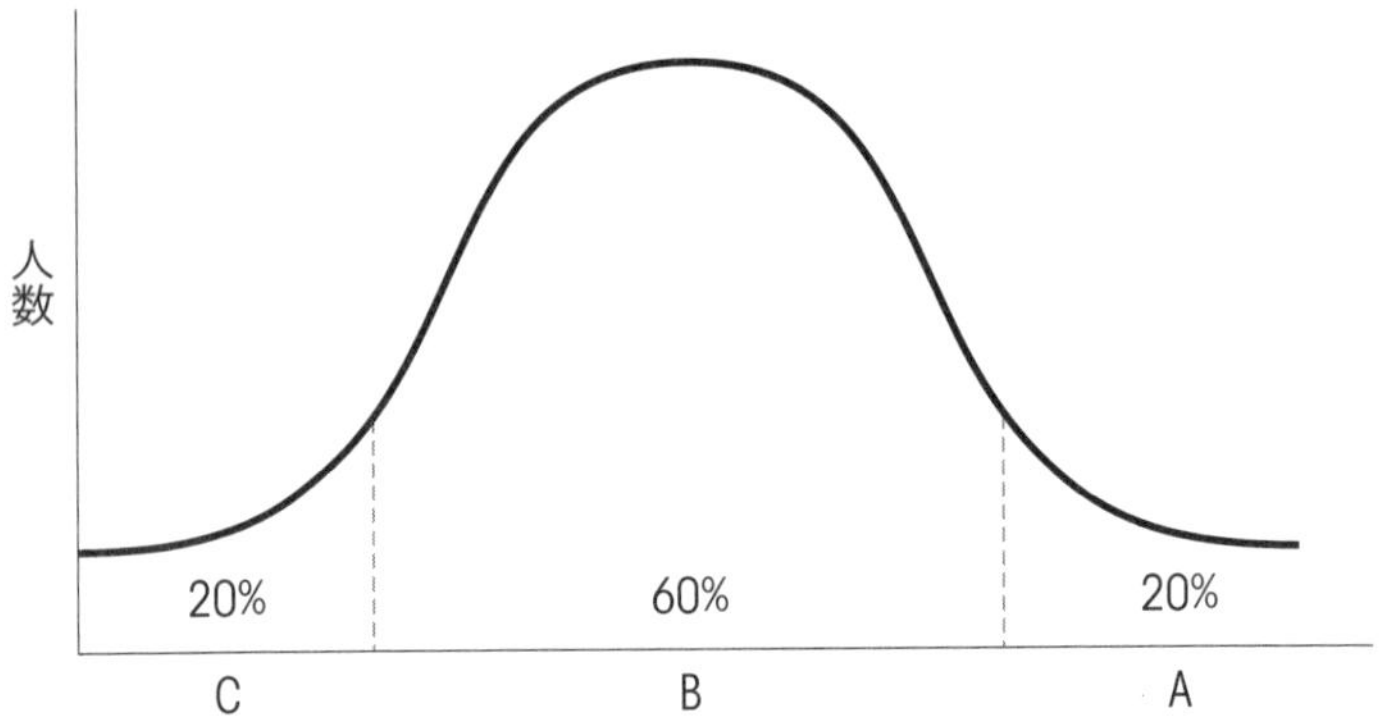

評価が何度も続けば、やがてやる気をなくしてしまうことでしょう。

特に人材の流動性が高い海外企業の場合、ベルカーブ方式では「評価が大雑把でフェアでない」と、社員の不満が近年多く聞かれました。

そこで、評価の透明性を高めるため、A、B、Cといった単純な記号によるレイティングを廃止し、もっと細かく各自の成果や仕事の内容、達成したことなどを記録して残していき、その記録そのものを評価情報として扱っていこうとするようになったのが、ノーレイティングの始まりです。

また、昨今のビジネスの変化のスピードを考えれば、そもそも1年前に立てた目標から状況や仕事もどんどん変わっていることも増えてきます。

つまり、期首に立てた目標が期末にはすでに形骸化してしまっている、または達成するモチベーションが落ちてしまっている可能性もあるのです。

加えて、評価においても年に一度、突然聞かされるよりも、期中に頻度高く、細やかに目標に対する進捗確認やアドバイスをすることで、評価そのものに対する納得性は高まります。

よって、これまでの年次評価ではなく、もっと頻繁にレビューの機会を設け、目標に対する進捗やキャリアに対するアドバイス、社員の考えやモチベーションの状況の把握を短いスパンで行うようになりました。

また頻度高く上司と部下が会話し、目標に対するフィードバックやキャリアに対する考えを話し合うようになるという流れで、それまで期末になると一斉に、形式に従って行われていた評価面談に代わり、高い頻度で行われる1 on 1ミーティングで社員の理解と成長を促す会話の重要性もあらためて注目されるようになりました。


ノーレイティングの場合、単にA、B、Cというランク付けによる人事評価をする代わりに、

- **どのような目標をどれくらい達成できているか**（できていないか）
- **実際どのような仕事でどのような成果を上げて、上司と部下はどういう会話をしたのか**

●成果をどのように評価したのか
●もし期中に目標が変わったのであれば、なぜ、どのように変わったのか
●将来のキャリアに対してどのような考えを持っているか、なにか変化はあったか
●個人の能力や経験に対する育成計画の進捗はどうか
といった面談内容自体を、期中から進捗も含めて評価の記録として細かく残しておきます。

ＳＡＰも２０１６年からノーレイティングを導入しました。最低限四半期に１回、上司と部下とで話す機会をもち、その会話をシステムに記録しておきます。

例えば、「今の進捗で行くと、当初立てた目標のここまではできていますが、この部分を実行する時間はとれそうにないので、次の四半期にやりましょう。一方、この目標は、関連する製品がなくなることが決まったので、別の目標に変えましょう。中長期的なキャリアに対する考えはどうですか？　なにか最近の心境や気持ちの変化、サポートしてほしいことはありますか？」といったような会話を行い、その内容を上司と部下がともに詳しく記録しておくのです。

最終的には、期末になると上司が１年間蓄積された会話の情報を振り返りながら、「来年の昇給率はいくらです」といったことを決めます。

もちろん、昇給原資は決まっていますので、上司の頭のなかでは、チーム内でそれなりに順位付けのようなものは意識されているわけですが、上司と部下が互いに「できたこと」「できていないこと」を細かく確認しているので、評価に納得感を持たせることができます。

実際にSAPで行った評価制度に対するアンケートでは、非常に良い結果が出ました。3カ月に一度、目標やキャリアに対して会話する時間を意識的に持つだけで、目標に対するコミットメントの強さや、評価に対する納得度が大きく改善したのです。

ノーレイティングを機能させる三つの条件

とはいえ、ノーレイティングは、いきなり導入してもすぐに成功するというものでもありません。実際にノーレイティングを機能させるには、三つの前提条件があります。

- 目標管理を行うMBOの評価制度が定着していること
- 上司に報酬額を決定する権限があること
- 上司と部下とのやりとりの記録をきちんと残しておける仕組みがあること

ＭＢＯは、多くの日本企業で導入されていますが、形骸化しているケースも少なくありません。上司と部下がしっかりと話をして目標設定と、それに対する評価を行う、という文化が定着していなければ、ノーレイティングは機能しません。

また、上司にとっては、一人ひとりの目標に対する進捗を細やかに見ていかなくてはならず、面談も頻繁に行わなければならないので、非常に負荷のかかる評価制度であり、フィードバックやコーチングなどのスキルも求められます。

加えて、評価結果がベルカーブのような予定調和ではなくダイナミックに処遇に反映される仕組みのため、報酬の決定権が上司にないと、結局のところ形式的なものになってしまいます。

人事としても、管理職に対して、コミュニケーションのためのトレーニング提供やサポート、ＩＴシステム面なども含めて手厚い支援を行う必要があります。

海外企業が、これほど手のかかるノーレイティングを積極的に行うのは、なぜでしょうか。それは、優秀な人材、特に２０００年以降に大人になった「ミレニアル世代」を囲い込みたいからです。

ミレニアル世代は、「個性や、個の考えを大切にしたい」というニーズが強いといわれており、一人ひとりをきちんと認め、より個人の能力を高めることに寄与するような人事施策が求められています。

この傾向は日本人も同様で、かつ、若手人材が減少する日本において、海外も含めた優秀な若手を活用、育成していくために、今後はノーレイティングのように、より納得感と細やかなフィードバックに重きを置いた評価の仕組みが求められるようになるでしょう。

研修で本当にリーダーが育っているか

多くの企業において、グローバルで活躍できるリーダーを育成したいというのは共通の想いではないでしょうか。

「育成が必要」と聞くと、人事、人材開発に携わっている方はどうしても「グローバル人材育成に有効な研修を」と考えがちなのですが、私はリーダー人材の育成において、研修はそれほど重要だとは考えていません。

「7：2：1の法則」をご存じでしょうか。

リーダー育成にとって重要なのは、「仕事の経験」が7割、「上司や顧客からの学び」が2割、「研修や書籍での学習」が1割であるとするもので、アメリカのロミンガー社の有名な調査結果から生まれた考え方です。

この考え方のとおりとすれば、人材育成の本質は、「研修」ではなく自分の能力よりも少し高い課題へのチャレンジができ、成功体験を積めるような「経験」にあるといえます。

もちろん、管理職や経営者といえども、短期間で基礎的な知識を得られるような研修を行うことは有効ですし、海外企業でも数多く行われています。

しかし、一般的にキャリアのレベルが上がるほど経験による学びや気づきが重要となってきますので、研修は、新しいスキルや知識を学ぶというより、仕事で得る経験の価値をより高めるという要素が強くなっていきます。

例えば、海外企業におけるリーダー研修とは、より学びの効果を高めるための準備であると位置づけられています。つまり、自分になにが不足しているかを認識する機会なのです。研修は、「なにかを教える場」というよりも、「今、なにを学ばなければならないかを本人に気づかせる場」であり、なにを学ぶのかは、本来個人によって異なります。

一方、日本企業では新人研修、階層別研修、職種別研修、管理職研修など、数多くの企業内研修が行われていて、その多くは「与えられて」いると思います。

私の知る限り、日本は世界で最も企業研修に力を入れている国の一つですし、特にリーダー研修は非常に手厚く行われています。ですので、「グローバル人事を行ううえで、さらなる研修の導入が必要だ」とは思いません。

ただし、その研修をどのように提供するのかということについては、再考の余地があるかと思います。

つまり、「本人の学ぶ意欲」「学ぶ内容」「学びを使えるタイミング」の三つがどれだけ意識されているかということです。

この三つが合致していないと、いくら研修を〝与えても〟その習得は極めて限定的となり、一過性のものになってしまいます。

特に、海外企業のリーダー研修は「本人の学ぶ意欲」を高めることに重きをおいています。よって研修で最も入念にデザインされるのは、研修対象者本人に対して、今、リーダーとして求められていることを明確にし、それに対してなにが不足しているかを自覚させ、気づきを与える部分です。そのうえで、学ぶことの必要性を理解させ、学ぶための手段を明確にすることで、主体的な学びの姿勢をつくり出します。この気づきを与えるためだけに、1週間以上かけることも少なくありません。

また、リーダーのレベルが上がれば上がるほど、不足している部分はリーダーによって大きく異なります。

よって、実際に学ぶ内容は、共通の研修として提供するのではなく、個別に選択ができるように工夫することで、より効果的な育成プログラムとなります。そして、学びを通じて仕事の成果につなげられているかということを定期的に確認していくことで、学んだことが定着しているかどうかを本人に認識させていきます。

気になるのは、日本企業においては、職務に必要な知識、技能、行動原則を習得、訓練するために行うアウトサイドイン型の研修がまだまだ多いことです。つまり、「学ぶこと」そのものに非常に重点が置かれているように感じるのです。

仕事で得る経験の価値をより高めることを目的として、普段の業務では得られないような新しい気づきを得たり、行動変化を促したりするようなインサイドアウト型の研修にシフトするべきだと思います。

例えば、ハウス食品では、「自ら手を挙げ、グローバルな環境における経験の機会を掴み取る」ことをテーマにした「グローバルチャレンジ」というプログラムがあります。留職といわれていますが、3～6カ月という期間のなかで新興国に赴き、現地のＮＰＯや企業に入り、その組織の一員として現地の社会問題を解決するというものです。

第3章で述べたとおり、今後の多様化の時代を踏まえ、特に日本人にとっては、若いうちに海外を経験し、多様性のなかで仕事をすることを学ぶのは非常に意義があります。

ハウス食品の例のように、実際に若手社員を海外、しかも社外に出すことで、日本人であることや、会社での立場といった看板が通用しない現場で、仕事をさせて結果を出させるという経験が非常に有効なのです。外国人の上司や同僚のもとで自分をアピールし生き残るという経験を通じて、グローバルな環境で生き抜くために必要なこと、そして自分に不足しているものに気づきます。

日本人が海外支社に赴任すると、多くの場合、自分が受け入れられて当たり前という環境で過ごすことになりますが、これではグローバル・リーダーは育ちません。多様な人材のなかでリーダーシップを発揮するにはどうすればよいのか、自分になにが足りないかを気づかせ、学ぶ意欲につなげていくようなプログラムの工夫が、今後の教育担当者のチャレンジです。

グローバル新卒採用という選択肢

計画人事を進めていくにあたり、まずは社内からハイポテンシャル人材や次世代リーダーを選抜して人材プールを設計していくわけですが、社内に適当な人材が見つからない場合は、外部から採用することも検討しなくてはなりません。

新卒採用を中心としている日本企業と違い、海外企業では即戦力となる人材を求める中途採用が中心です。

しかし実は、ネスレやジョンソン・エンド・ジョンソン、P&Gなどのグローバル企業は、中途採用だけでなく、グローバルに新卒採用を積極的に行っていて注目を集めています。

その背景には、優秀な即戦力人材が世界中で取り合いとなっており、採用コストが高騰していることがあります。

また、中途採用人材の離職率の高さも問題となっていて、多少教育コストがかかっても長期的に投資を回収でき、安価に雇用できる新卒採用に力を入れるようになっているのです。

実際、グローバル進出している日本企業の多くも、海外での中途採用に苦戦しています。

特に現地でのブランディングが弱い企業の場合は、そもそも応募者を集めることもままなりません。

また、優秀な人材にアプローチできたとしても、海外企業に比べて競争力のあるオファーを提示することができず、人材を獲得できないというケースもあるようです。

しかし、グローバルに事業を展開していくためには、やはり様々な国籍の人材を効率的に採用していく必要があります。

私は、新卒採用のノウハウを十分に持っている日本企業こそ、日本に来ている留学生の採用や海外での新卒採用、第二新卒採用をもっと積極的に進めていくべきではないかと考えています。

グローバル新卒採用のメリット

●世界には、仕事を求めている若い人材が多い（日本、韓国を除けば、新卒採用が中心の国は少なく、学生はインターンで経験を積まないと採用されない）
●日本企業は雇用が安定しているというブランディングは特にアジアでは浸透しており、学生や、学生に就職先を推薦する大学にとっても安心感がある
●新卒の真っさらな状態から育成していけるため、企業の持つ文化や考え方になじみやすい
●中途採用に比べて人件費が安い

グローバル新卒採用のデメリット

- ●即戦力ではないので育成コストがかかる
- ●経験が問えないので優秀な人材を選ぶノウハウが必要

グローバル新卒採用の最大のメリットは、仕事を求めている優秀な若者が世界中にまだまだ多くいる、ということです。学生の数が減ってきている日本国内は過剰な競争になっていますが、世界には仕事を求めている新卒人材の絶対数がまだ非常に多いのです。

アメリカで開催されるボストンキャリアフォーラムなど、海外に留学している日本人の採用に関してはすでに多くの日本企業が参加していますが、海外の学生をそのまま現地法人などに新卒採用することで、優秀な人材を効率よく確保することができます。

特にインドや中国においては、製造業を中心に日本企業が優秀な外国人理系学生を多く採用し始めています。

当然、採用したあとの受け入れ態勢など準備しなければならないことはありますが、それよりも、最初から英語を話し、専門知識を持った優秀な日本人学生を採用する難しさ、また同じような人材を中途入社で採用するコストを考えれば、非常に効率の良い方法といえます。新卒採用で培ってきたノウハウを生かし、大学とのネットワークをしっかりと構築することで、海外企業に先んじて優秀な学生を世界中から採用できる可能性は十分にあります。

「報酬制度がブラックボックス」はグローバルでは通用しない

日本企業の多くは、海外の報酬制度を海外法人に任せっぱなしにしているかと思います。しかし、そのことで不自然な報酬格差が起きたり、報酬の決定プロセスがブラックボックス化したり、グローバルで人件費が把握・コントロールできない状態になっていて、ガバナンスも含めて問題となっています。

第3章で解説したグローバル・グレーディングと同じく、報酬においても、インターナショナル人事を目指すのでなければ、必ずしも世界共通の報酬制度が必要なわけではありません。しかし、国ごとに報酬制度が異なっているとしても、報酬制度の透明性については、担保しておく必要があります。海外では、報酬制度が不透明なことに対する不満が離職につながることも少なくありません。

報酬制度に透明性があれば、社員にとっては、なにをどうすれば自分の報酬を上げていけるのかを理解できるようになり、長期雇用にもつながるのです。

主な報酬項目

報酬項目は、以下のような種類があり、グローバルでほぼ共通です。

●基本となる報酬項目（固定報酬）：基本給、諸手当
●業務や職種、役職によって変動する項目（変動報酬）：短期インセンティブ、長期インセンティブ
●企業ごとの個性がある項目：間接インセンティブ（医療保障や社員食堂での食事補助など）、福利厚生、退職金

このなかで、日本と世界で最も考え方が異なるのは、インセンティブの部分です。

主なインセンティブには、「短期インセンティブ」と「長期インセンティブ」があります。

短期インセンティブはその評価対象によって、個人の成果を対象にするもの、組織の成果を対象にするもの、企業グループ全体の成果を対象にするもの、これらを組み合わせたもの

などがあります。

いわゆるボーナス（賞与）も短期インセンティブに含まれますが、日本企業における伝統的な「ボーナス」は、本来の意味での短期インセンティブとは少し性格が異なるものです。

日本企業のボーナスの考え方は、基本給をベースに、企業の業績に応じて、一律○カ月分、といった形で提示されます。

これは、企業業績を反映させて人件費総額を調節するという機能を併せもつためです。また、それに加えて個人の評価による増減があり、個人の人事評価結果を反映させる機能も併せもっています。

しかし日本企業のボーナスは、支払額がなにによって決まるかが明示されていないことも多く、個人の成果を反映したものというよりも、生活補償的な固定給の一部であると捉えられているところがあります。

また、日本企業では、定年退職を前提にした制度設計となっているので、多額の退職金に比べ、短期的な個人の成果に対して多額のボーナスを支払うという考え方ではありません。

一方、海外では定年退職金という制度はほぼないに等しく、その分、個人の成果や目標達成度に応じて、その年のインセンティブが支払われる仕組みです。

例えば、目標の50％まで達成できなければゼロ、50％以上でボーナスの半額、１００％は全額、120％なら1・5倍、などといった形でインセンティブの支給額が決まります。個人の達成度が大きく影響し、みんなが同じようにもらえるものではないというのが一般的な考え方です。

もちろん、全体の企業業績が悪ければそれを反映させて原資の総額を調整するということもありますが、そういった調整の結果やプロセスも含めて、個人の報酬についての考え方をしっかりと示していくことが重要です。


昨今では、日本でも「ボーナスを企業や個人の業績としっかり連動させよう」という動きが進んでいますが、退職金制度を含めた制度設計を抜本的に変えることは難しいかもしれません。

そこで、海外の優秀な社員のリテンション（雇用の継続）のためや、採用において戦略的なオファーを出すためによく用いられているのが「長期インセンティブ」です。

長期インセンティブとは、組織として長期にわたって確保したい人材に対し、収益力拡大や財務体質強化など、組織の中長期的な成果実現に向けたコミットメントを促すために有効な手法です。

主に現金による支払いと、株式を利用する方法がありますが、現金による支払いについては日本国内では税制による制約があるため、株式を利用するストック・オプションなどの方法が用いられることが多いと思います。長期インセンティブを特定の社員に付与するような仕組みによって、既存の報酬制度の枠組みを大きく変更することなく、報酬に戦略性を持たせられるようになります。

ストック・オプションは、一定期間のあと、自社の株をある約束された株価で買う権利を付与するもので、もし一定期間後に株価が上がっていれば報酬となりますし、約束された株価よりも下がっていれば、意味のないものになります。

退職手当も長期インセンティブに含まれますが、ストック・オプションとはだいぶ意味合いが異なります。

ストック・オプションの場合は、ある一定期間内で、会社の価値を高めることに貢献することが、より直接的に自分自身の収益にもつながっていきます。なにより、当事者として関われるというところは、インセンティブの意義としても大きいでしょう。

ケーススタディ

3

IAEA
人事部人材計画課課長 管理局上級人事担当官
井上福子氏

日本企業、外資系企業、国際機関において、一貫して人事に携わる。2018年4月より同志社大学大学院ビジネス研究科教授。神戸大学博士（経営学）、インディアナ大学（MBA）、ロンドン・スクール・オブ・エコノミクス・アンド・ポリティカル・サイエンス（MSc 比較労使関係および人事管理）。

OECD
人事部タレントマネジメント課課長
宮迫 純氏

2007年よりOECD本部（パリ）の人事部にて勤務。現在、Talent Management and HR Analytics Group のトップとしてOECD全体のタレントマネジメントの責任者。過去にはニューヨークとコペンハーゲンにて国連機関に勤務。アメリカペンシルベニア大学ウォートンスクールにてMBAを取得。

ここで、グローバルな環境で人事リーダーとして活躍しているお二方の日本人を紹介します。国連には様々な国際機関がありますが、これらの国際機関では、極めて多様な人材が勤務しています。そうした環境で、日本人がリーダーとして活躍するためには、どんなことを学び、どんな考え方を大切にすべきなのでしょうか。グローバル・リーダーを育てたいすべての方にとって、貴重なヒントになると思います。

グローバル組織で働くということ

グローバルに事業を展開するにあたり、多くの企業から「グローバル人材をどのように育てればよいのか」という声を耳にします。

しかし、グローバル組織とはどのような組織なのか、グローバル人材にはどのような資質が必要なのか、という点については、具体的なイメージがないという場合も多いようです。

そこで、長年、国際機関の人事部で活躍なさっている国際原子力機関（IAEA）井上福子氏、経済開発協力機構（OECD）宮迫純氏に、グローバル組織で働くことについて、またグローバル・リーダーに必要な資質について伺いました。

■国際機関ならではの特徴

南　井上さんはウィーンを拠点としてIAEAで、宮迫さんはパリを拠点としてOECDで、人事部のリーダーとして活躍されています。それぞれの組織の特徴はどんなところですか？

井上　IAEAは、グローバルな組織です。加盟国は169カ国、100カ国以上から集まる約2500人の職員が働いています。みんなで英語でコミュニケーションをとっていますが、同じことを聞いても、みんな思うことが違うということもあり、私の考えていることと、隣の人の考えていることが一致するかどうかは、何度も確認してみないとわかりません。

南　コミュニケーションの基盤となる暗黙の共通文化がなく、伝える努力やスキルがないと、お互いの意図を察することができないローコンテクスト文化なのですね。

井上　ローコンテクストというのがＩＡＥＡのようなグローバル組織の特徴だと思います。面倒ですが、細かいことも全部言わなくては伝わりません。

一方で、官僚組織でもあり、複雑な手続きと仕組みで回っている組織なので、まずは仕組みを理解しなければ物事を動かすのが難しいところがあります。

宮迫　私が所属するＯＥＣＤは加盟国が35カ国で、パリに本部があります。職員は３５００人ほどですが、現地採用されたフランス人も3割ほどいます。私はもともと国連本部にいたのですが、国際機関というのは、一種の離れ小島のような組織なので、どうしても内向きで特殊な組織になる傾向が強い気がしています。外部環境の変化に合わせてなにかを変えようとしても、ほとんどの人から「うちは特殊だから変えなくていい」という返事がきますので、変えるということが大変な組織です。

南　そうした官僚的で変化を好まない組織で新しい施策を進めていく際に、大切にしていることはなんですか？

宮迫　私が気をつけていることは二つあります。「うちは特殊だ」と言っている人は基本的にステークホルダーですので、そうした人たちに「とりあえず邪魔はしないでほしい」と伝えつつ、巻き込んでいくということが一つ。もう一つは、同じ部署内ですら意見が統一できないことがあるので、政治力を駆使し、自部署の外にもサポーターを見つけて、外からのプレッシャーをかけるようにするということです。といっても、権力とか地位といったものというより、むしろ目に見えない政治力ですね。それを理解してやっていかないと。

井上 そうした政治力は、一つひとつの仕事を通じてしか築けないので、結局は感謝される仕事をしなくてはいけないということになるかと思います。なんだか日本企業のようですが、貸し借り関係とかも結構あります。

宮迫 ただ、国際機関では基本的に「個」が重要なので、最後の責任や手柄は個人のものにしなくてはやっていけません。ここが恐らくグローバル組織の特徴だと思います。

グローバルで働くうえで必要な資質とは

南 グローバルな組織で働くうえで、ご自身のどんなところが強みとなっていると思われますか?

井上 私は国際機関だけでなく、日本企業、外資系企業でも働いた経験があるのですが、ずっと人事畑を歩んできましたので、人事という専門性が、自分の一番の強みだと思っています。様々な組織で働いていたことで知らず知らずのうちに身につけた新しいプラクティスや考え方が強みになっているように思います。

宮迫　実は私の場合、10年前、ＯＥＣＤに入るまでは、国連機関で財務の仕事をしていたので、人事の専門家ではありませんでした。ただ、当時の人事部長と一緒に仕事をする機会があり、その方が後にＯＥＣＤの人事部長となったので、誘われて入ったのです。

南　なんと、人事のご専門ではなかったのですね？

宮迫　それはそうなんですが、今のＯＥＣＤで求められている専門性というのは、今流行りのアナリティクスができるとか、統計解析を使って人の流れを予測できるとか、そうした技能面での専門性が求められているところがありまして。

井上　国際機関でいう専門家というのは、日本企業でいう専門家とは全く違います。日本であれば、「経験＝専門性」として見られることもあり、人事の仕事を10年、20年やってきた、というだけで人事の専門家といわれることもあるでしょう。一方、国際機関の場合の専門家は、その専門分野における第一人者、トップランナーみたいな人であったり、様々な組織で同レベルのポストの仕事を歴任し、業績を残してきた人であったり、といった位置づけです。

南　日本企業のいわゆる職能資格制度の下で、一つの企業で長年ある仕事を経験してきたというだけでは専門性とはいわないわけですね。

宮迫　それは、国際機関でいうところの補助職の専門性です。

南　しかし、そうした超専門家集団を束ねるマネジャーは大変ですね。どのようにマネジメントしているのでしょうか？

井上　マネジャーのタイプもいろいろですが、基本的に専門家である部下のやっていることをすべて完全に理解することは難しいので、大きな枠だけ決め、「あとはみなさん、ご自由に」とある程度、現場に任せてしまうしかないです。ただし、ローコンテクストですので、説明は丁寧にしなくてはいけません。とはいえ、尊敬を集められないマネジャーというのはそもそも難しい。なにか問題が起きたときに、実際にハンズオンで（手を動かして）解決してくれる人でなくては尊敬されませんので、その兼ね合いは難しいところです。

■ グローバル人材を育てるには

南　では、今後、グローバル・リーダーとして活躍できる人材を育てていくためには、なにが必要と思われますか？

井上　ＩＡＥＡで活躍する日本人職員の育ち方からいえるのは、これはもう、海外で実践を積むことしかないということです。といっても、成果も問われないようなゆるい経験はだめです。実際、海外には修羅場がたくさんあります。国によって法律が違っていたりしますし、現場ではとんでもない事件ばかり起きます。それを一つひとつ解決するのはものすごく大変です。大変ですが、それによって、コミュニケーションの仕方を学び、へこたれないメンタリティが育ちます。ですので、成果を求められる立場で早いうちに日本を出る機会を提供するのがいいと思います。

南　なるほど。日本企業がそうしたタフな人材を育てていこうとすると、どんなことに気をつければいいでしょうか。

井上　企業はそういった難しい状況を突破できる人を送り込むことが重要でしょう。基本的に個人が使える武器は、個人の突破力しかありません。まずは恥ずかしがらずに、わからないことは腑に落ちるまで聞けるというのが大事。向こうはなんとも思いません。あと、日本人は優秀なのにアピール下手だといわれます。先日ある日本人職員の人と話していたのですが、「日本人はなにか問題が起こるとすぐに解決しようとするからいけない」と。

南　どういうことですか？

井上　すぐに解決してはいけないんです。まずは、「これが問題だ」と周りの人に知らせて、問題があることをわかってもらってから解決しないと、「あの人はよくやった」ということにならない。

宮迫　本当にできる人は、まず問題提起して、それを共有し、なおかつ解決策も出せる人です。ほとんどの海外の人は、問題提起はできますが、そこから解決はできない。日本人の場合は逆で、問題は提起できないけれど、解決してしまう。すると、問題が起こっていないように見えるので、誰からも認知されないわけです。

南　それは面白い視点ですね。日本人は、問題提起する前に解決することが良いことのように感じてしまうと思います。

宮迫　一方、海外の職場は専門家集団ですので、昇進は別として、基本的には個人が「やりたい」と手を挙げない限りは、人事異動などもまずない。そういう意味では、組織として人材を統合的に見ていくことができるのは日本企業のいいところでもありますよね。

南　そう思いますね。日本にはジョブ・ローテーションという名のもとに、定期的に異動する仕組みがあります。これを戦略的にやっていければ、ものすごい強みになると思うのですが、それができていない企業も多くて、もったいないなと感じています。

また、日本人の美徳のようにも感じる、いわゆる不言実行はグローバルでは通用しません。有言実行、むしろ日本人にとっては、自らどんどん発信するようなマインドセットに変えていくということが、グローバル組織で活躍していくためには大切ですね。

本インタビューは2017年12月10日に実施しました。

第5章
自ら成長し変化する最強の組織づくり

この章のポイント

- □組織開発の三つのステップ
「ルール型組織」「リーダー型組織」
「パルテノン型組織」
- □組織開発は日本企業の強みである。
あとはグローバルに展開するだけ
- □イノベーションを起こすには、
「組織」を変えることが一番。
「人」は組織が変わることで変わってくる

グローバル組織にはなぜ組織開発が必要なのか

ここまで、グローバル人事を進めていくにあたっての人材戦略について、様々な観点から見てきました。

グローバル人事における人材戦略とは、事業の方向性をしっかりと見極めたうえで、人材の需給を読み、そのために多様な人材を育成し、戦略的に配置するといった話だったわけですが、実は効率的に成果に結びつけていくには、もう一つ重要な視点があります。

それは、個々の人材の力を高めるだけでなく、個人の力が組織として機能するようにしていく必要があるということです。つまり、いくら優秀なメンバーが集まったチームでも、バラバラに動いていたら成果にはつながらないのです。

組織の価値というものは、必ずしも人材の価値の総和にはならないところがあります。人材の強みと弱みが重複してしまっていると、組織力は向上していきません。1＋1＋1＝3ではなく、2や1になってしまうことがあるのです。

一方で、組織力が向上することで、ときには個人の力を超えた組織の強さを生み出すこともあります。1＋1＋1＝4となることもあるということです。

組織の力を高めていくための取り組みを「組織開発」と呼んでいます。

これまで日本企業では、組織開発と銘打った形での活動はそれほど行われてきませんでした。それでも非常に強い組織力を保っていた背景には、長期雇用に守られる均質性の高い職場環境のなかで、自然と培われていく一体感、助け合いの精神が発揮されていたこと、また、カイゼン運動やQCサークル、家族ぐるみの社内運動会など、様々な部分で無意識的に組織開発につながる活動が行われてきたということがあります。

しかし、グローバル組織となると事情は変わってきます。

まず、言語も文化的な背景も多様な人がいるので、社員同士の共通性も少なくなります。人材の流動性が高いため、組織内の人の入れ替わりが激しいですし、ジョブ・ディスクリプションによって個々の仕事の範囲が明確なので、それぞれ全く異なる仕事、働き方をしていることが多く、仕事とプライベートの線引きも明確であるため、社員同士の交流などもそれほど密に行われません。なにもかもが多様で、バラバラの個人が集まった集団であるグローバル組織においては、意図的に組織として機能させるための働きかけを行わない限り、なかなか組織としての力を発揮することができないのです。

組織開発における日本企業の強み

日本企業

- あ·うんの呼吸
- 均質性の高い職場環境
- 日本人同士の一体感
- 助け合いの精神
- カイゼン運動
- 家族も含めた付き合い

→ 組織開発は無意識的に行われており、意識的な活動は不要だった

海外企業

- 文化背景や言語も多様な環境
- 組織内の入れ替わりが激しい
- 社員同士の共通性が少なく、個人商店的
- 仕事とプライバシーの明確な線引き

→ 組織として機能させる意図的な働きかけが重要

よって海外企業では、組織力を高めるための様々な取り組みに莫大な時間とコストを費やしています。どうしても「個人」の意識が強いため、組織開発を進めていくのは難しい部分があるのです。

一方、日本企業にとって、ここは大きな強みといえます。

前述したとおり、日本では長い時間をかけて社員と企業が強く結びつき、組織として一体感をもって仕事に取り組み、成果を上げる文化が醸成されています。海外企業に比べて、「個人」よりも「組織」に対する意識が元々強いのです。

とはいえ、海外の社員も同じようにできているかというと、まだまだではないでしょうか。組織力における強みを、日本人だけでは

なく海外の社員にも同じように伝え、グローバル全体で組織力を上げていくことが必要です。そこで、まずはグローバル組織における組織開発の具体的なステップについて解説していきます。

組織開発のステップ1「ルール型組織」

組織開発にはステップがあります。バラバラの個人が集まった集団が、いきなり組織として成果を上げるようになるということはありません。

組織の発達には大きく分けて三つの段階があります。そして、組織に対して働きかける組織開発の手法も、それぞれの段階ごとに少しずつ異なります。

組織開発を行う際は、まず、組織がどの段階にあるのかを見極めたうえで、適切なアプローチを行っていくことが求められます。

第1段階は、一定のルールの下で、個人が単なる集団としてバラバラに活動している状態です。

これはいってみれば、私たちが属している社会のようなものです。私たちが生活しているこの社会には法律というルールが存在していて、そのルールの範囲内で、私たちはそれぞれ個々の目的に向かってバラバラに活動しています。私たちは日本の社会に属していてルールの枠のなかで一定の秩序や価値観が保たれていますが、日本として、社会として特定の目的を達成するために活動しているわけではありません。

また、ルールそのものに大きな権限があるという状態なので、なにかあったときの責任の所在がはっきりしません。

この状態でも、個々が自分の目標に向かって動くことはできますが、より大きな目標を達成しようという場合や複雑な戦略を組織として実行していくことは難しい状況です。こうした組織では、ルールや手順を順守することが組織力の源泉となります。

例えば、工場のラインや、フランチャイズの店舗、また場合によっては経理や契約管理部門なども当てはまることがあるかもしれません。これらの現場では、担当者によって回答が変わったり、店舗によって対応が変わったり、または人によって品質が変わったりということでは困りますので、明確なルールが必要となるわけです。

一方で、ルールで定められている以外の例外的な対応や変化には弱く、たとえ個人が優秀であったとしても、ルールのなかでしか力を発揮できないため、個人の力ではなく、ルールの精度が組織の力を決めてしまう側面があります。

組織開発のステップ2「リーダー型組織」

そこで第2段階として、集団はリーダーを求めるようになります。

目標を掲げ、大きな方向性、価値観を示すことができるリーダーがいれば、それほど細かなルールで縛らなくともチームはうまく回っていきます。

また、リーダーの方針がはっきりしていれば、チームメンバーは組織が向かう方向性を理解できますし、大きな意思決定についてはリーダーに委ねればいいので、メンバー全員が必ずしも優秀でなくとも、チームとしての成果を短期間で上げられるようになります。

実は、ほとんどの日本企業が目指している組織力向上の形はこの形です。各社がグローバル・リーダーの採用や育成に力を入れているのはそのためです。

しかし、一つ問題があります。

それは「リーダーが変わると全部変わってしまう」ということです。

例えば、グローバル組織において、リーダー人材を現地採用する場合、組織づくりをスムーズに進めるため、リーダーが自分の元部下や直接知っている人材を多く採用することがあります。そのこと自体は悪いことではないのですが、そのリーダーが辞めたときに、部下たちも一緒に辞めてしまう、ということがしばしば起きます。

するると、その下にいた人たちは、リーダーとその部下たちの価値観に基づいて動いていたわけですから、どうすればいいかわからなくなってしまいます。そのうちにまた次のリーダーが来て、全く異なる価値観を持ち込む、ということが繰り返されます。

このようにリーダーが変わるたび、すべて一からやり直しになるのは、効率が悪いうえに、組織としての戦略や活動の継続性も担保されません。

さらに、この形の組織運営が長く続くことで、しばしばリーダーの力が強くなりすぎるということも問題です。

いわゆるカリスマ経営者と呼ばれる優秀な経営者は、世界にも日本にも存在します。

しかし、そのなかで適切な後継者を育て、次の世代に事業を継承していくことができているカリスマ経営者はごくわずかです。ＧＥが優れた人事プラクティスを持っているといわれるのは、一人ひとりの経営者が強いリーダーシップを一定期間発揮するにもかかわらず、後継者を確実に選出し、継承していくことができているからなのです。

長年にわたり、強いリーダーの判断ですべてが決まるような状態が続くと、社員はみんな、リーダーの顔色をうかがって仕事をするようになります。自分たちで考えることをやめて、すべてリーダーの判断を仰ぐことを最優先に考え始め、視野が狭まっていくのです。

よく「ひらめ社員」といったような表現で、上ばかり見ている社員のことが揶揄されますが、ひらめ社員をつくっているのは、実はリーダーの側であることがほとんどです。

昨今の変化の時代では、一人のリーダーがすべてを判断することは大きなリスクを伴います。組織がより短期間で変化に対応し続けていくには、リーダーの力だけに頼るのではなく、もう一段階上のレベルの組織を目指す必要があります。

組織開発のステップ3「パルテノン型組織」

組織開発の最終段階は、一人のリーダーだけが組織を牽引する形ではなく、全員がリーダーシップをもって組織を動かしているような形です。

組織に対して与えられたミッション、活動の方針や理念、価値観がきちんと共有されつつ、それぞれの人たちが自らリーダーシップを発揮してそれぞれの分野を受け持ち、自ら考えて意思決定を行い、責任をもって進めていく――こうした組織であれば一人のリーダーの力量だけに頼らない、継続的かつ変化に対応した組織力を維持することができます。

また、メンバーそれぞれが、リーダーシップを発揮する経験を重ねていくことができるため、組織とともに個人が成長する組織でもあります。

第1章でも少し触れましたが、こうした組織の在り方を、私は「パルテノン型組織」と呼んでいます。ギリシャのパルテノン神殿が複数の柱に支えられるのと同じく、メンバーそれぞれに権限移譲され、役割ごとに複数のリーダーが責任をもって組織を支えるという組織モデルです。こうした組織にするためには、メンバーに理念や価値観が浸透していることとともに、一人のリーダーに対してではなく、組織に対しての強いコミットメントが必要です。

そのためには、一人ひとりが「このミッションのために働いている」「会社の目指す方向性と自分が目指す方向性が重なっているから、この会社で働くことに意味を感じている」というような、組織とのつながり、愛着、共通の価値観を持っていなくてはなりません。

また、「この組織のなかで自分の役割はなにか」「なにを任されているのか」という意識づけを明確に行わなければなりません。任された範囲においては、自分に決定権限があり、管理職も含めて他のメンバーをリードしていくという自覚をもたせることで、組織内に複数のリーダーシップが生まれてきます。

さらに、リーダー型組織においては、リーダーにすべての情報が集約されますが、パルテノン型組織の場合は、組織戦略に関わる情報が全員に共有され、それぞれの役割の状況判断において情報格差によるバラつきがでないよう、常に全員が同じ情報レベルにあるようにします。

もちろん管理職は存在しますが、チームメンバーの育成や、人事的な業務、他の組織との調整などを担っている一つの役割として捉えます。仕事を進めるうえで、管理職がすべて確認・承認をするのではなく、役割に応じてメンバーに権限移譲がなされていることが原則です。

グローバル人事を進める際には「いかに組織を率いるリーダーを育成するか」という部分に焦点が当たりがちです。しかし、より人材の流動性が高いグローバルマーケットにおいては、一人のリーダーを中心とした組織では、急速な事業の変化についていけないというリスクにさらされることになります。

特に優秀なリーダーは、それだけで他社に引き抜かれる機会も多くなりますし、実際にトップレベルの人材を引き留めることにも限界があります。それよりは、メンバー全員が共通の価値観を持ってリーダーシップを発揮でき、仮にリーダーが交代したような場合でも、組織力を維持できるような組織を目指すことが、これからの組織開発といえます。

変化に対する受容原則を理解する

組織のレベルを高めるうえで非常に重要となるのが、組織と社員とのつながりを形成する

組織開発のステップ

ルール型組織

個の集団をルールによってまとめる

- 均質的かつ変化が少ない業務の組織
- ルール化の仕組みと、管理、監督する仕組みの精度が組織力の高さと比例する

▼

リーダー型組織

優秀なリーダーがチームを率いる

- リーダーの考え方に共通理解がある
- 最低限のルールで運営できる
- リーダーの能力に依存する
- 全員がリーダーを見る組織になる

▼

パルテノン型組織

メンバーそれぞれに権限委譲されている

- 組織へのコミットメントがある
- 組織を牽引するリーダーが多数存在する
- 理念や価値観が浸透している
- 変化への適応力がある

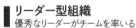

取り組みです。とりわけ日本企業にとってのチャレンジは、それをグローバルに展開することです。

「創業からの歴史のなかで変わらない大切な考え方を伝える」ことも大切なのですが、その大半は、日本人であるからこそ理解、共感できるものであったりします。「うちの社員ならわかるはず」ということではなく、海外の人たちも理解、共感できるよう伝え方を工夫しなければなりません。

そもそも組織開発とは、社員が「理念」「価値観」「文化」など〝形のないもの〟への共感を促すための取り組みです。

これ自体は前述したとおり、世界中の企業で行われており、海外の社員にとっても自然なことですが、社員の価値観や考え方に対して変化を促す働きかけである以上、「多少なりとも抵抗感を覚える人がいるのは当然だ」と考えることが大切です。日本企業の理念は、海外の社員にとっては、やはり新しい概念であり、変化を強いるものなのです。

そこで知っておいていただきたいのは、「人は変化を受け入れるまでには一定のプロセスを経るものである」ということです。

組織開発においては、キューブラー・ロスの5段階モデル（死の受容モデル）を応用した変化への受容モデルがよく参照されます（253ページ）。

大きな変化に直面したとき、まず湧き上がるのは「信じられない」「自分には関係ない」という否定の感情です。

続いて、「なぜ変化したのか」「なぜ自分が変わらなければならないのか」と怒りを感じます。その後、いよいよ変わらなければならない、という段階になり「どう対応すればいいのか」「どうすれば変われるのか」を分析するようになり、やがて「受け入れる」ための努力をするようになります。

そうするうち、「変わってよかった」「変われてよかった」と変化を前向きに捉えるようになります。これは、「変化に対する受容原則」といわれています。

組織開発を進める際には、そうした変化に対する社員のネガティブな反応もしっかり受け止めながら、長い時間をかけて取り組みを続けることが必要です。

そのとき、なによりも大切なのは、社長をはじめとする経営層が組織開発にしっかりコミットし、積極的な支援と関与を惜しまないことです。トップ自ら、企業ぐるみで本気で取り組もうという姿勢を見せなければ、熱意も伝わらず、組織に大きな変化をもたらすこともできません。

また結局のところ、社員は「組織開発が自分の仕事にどう関連するのか、どう役立つのか」が見えてこない限り、本気で取り組むことはありません。

そのためには、合わせて二つの工夫が必要です。

一つは、「なんのために存在する会社、組織なのか」「それによって社会や顧客、社員に何をもたらせるのか」といった企業のあり方を明確にするだけではなく、「この組織では、どのような考え方や、仕事が評価されるのか」といった組織の運営方針にしっかりとかみ砕いて伝えることです。これによってはじめて、組織の価値観と社員の仕事が紐づいてきます。

もう一つは、行動の変化を企業側が認知してあげるということです。表彰制度や、コンテスト形式という取り組みが多いですが、価値観に沿った社員の行動を積極的に取り上げることで、他の社員へ伝播し、広がるのです。264ページで紹介するオムロンの取り組みは、まさにこの好例といえます。

このようにして、組織内に「変わったほうが自分にとっても組織にとってもよさそうだ」という理解が広がってくると、徐々に受容が始まり、やがてコミットメントとなっていきます。

変化に対する受容原則を前提に進める

変化受容までの5段階

第１段階	**否定** 「そんなことは起こらないから大丈夫」と自分に言い聞かせる
第２段階	**怒り** 本当に変化が起きたことに対して怒りを感じる
第３段階	**分析** これから起こる変化を予測し、対応について考えを巡らす
第４段階	**受容する努力** 現実として受け止め、適応することを試みる
第５段階	**コミットメントの成長** 変化の良い点を見出し、前向きになる

組織開発は全社的な取り組みになるため、
変化に対する社員の反応をサーベイで正しく計測して進める

社員は企業とどうつながっているのか

社員は、必ずしも理念だけに共感して企業とつながっているとは限りません。組織開発の方向性を定め、手法を選択する際に明らかにしておくべきことがあります。

それは、「自社の社員は企業のどの要素とつながっているのか」という点です。

組織開発というと、「〇〇ウェイ」など自社の理念を浸透させる取り組みを思い浮かべる人も多いと思います。もちろん、理念や価値観はつながりの基礎となるものではありますが、社員が企業とのつながりを感じる部分というのは、必ずしも理念だけではありません。社員と企業がつながる要素としては、次のように様々なものがあります。

- 上司、同僚、顧客（人間関係に対する帰属意識）
- 社内の文化・風土（価値観の共有に対する帰属意識）
- 製品（知識や経験の自己認知）
- 評価・処遇（企業内での自己認知）
- ブランディング（社会的認知）

「自社の製品が好き」だからその企業が好きだということは多くありますし、顧客との関係に愛着を感じている場合もあります。そうした部分をうやむやにしたまま、組織をまとめていこうとしてもうまくいきません。

変化に強い組織をつくるためには、それぞれの社員が、企業のどういった要素とつながっているのかを把握し、その要素を維持できるように組織開発を行うことが重要です。

例えば、今、ＳＡＰでは、理念教育の取り組みをほとんどやっていません。

というのも、社員サーベイの結果、理念に対してつながりを感じている社員は少なく、多くの社員は、ともに働く同僚や仲間と、自社の製品に対して愛着を感じていたからです。よって創業当時にドイツでつくられた企業理念そのものではなく、「社員自らがどうありたいか」について社員にアンケートを行い、そこから、「How We Run」という五つの行動原則を決めました。

グローバルに広がる、８万人を超えるあらゆる世代の社員たちが、自分たちのありたい姿を考え、決めていくというプロセスは、それ自体が文化となり、共感しやすいのではないかという狙いで行われたものです。

社員が今、自社をどう認識しているのか、それを再確認することを第一のステップとするすることで、前述の変化の受容原則における第1段階（否定）、第2段階（怒り）の影響を最小化することができます。

企業理念など、創業時の精神は確かに大切ですが、創業当時とは時代も組織も人も大きく変わってしまっています。

そのままでは伝わらないか、場合によっては誤解を与えてしまうかもしれません。「創業当時からの社訓だから」とこだわるよりも、時代やその企業の成長段階に即して解釈しなおしたり、または言葉を補ったりして、誰もが理解でき、行動の指針となるような言葉に変換していくこともまた重要です。

イノベーションを起こす組織とは

組織力のレベルを上げていくことと同様に、昨今、日本企業では「イノベーション」が大きな関心事になっています。市場ニーズの変化の速さや、テクノロジーの発達によって、新しい事業分野・ビジネスモデルをつくり出し、成長の原動力にしたいという経営戦略が背景にあります。

その象徴的な企業として、Amazonを想像する方も多いと思います。従来の店舗型の書籍販売という流通モデルを覆し、ネットを通じていつでもどこでも書籍を購入することができる——その結果、書店の数は減少しましたが、書籍そのものの市場は電子書籍も含めてむしろ広がっています。

さらには、日用品や家電などに商品の幅を広げるとともに、自らが商品を在庫し、ロジスティクスを受け持つことで、即日配達といった画期的なサービスを展開し、それまでにはほとんど定着することのなかったネットショッピングそのものを有料で利用するサービス、Amazon Primeを成功させて安定的な収益モデルをつくったり、今では、スーパーやチェーン店を買収し、自らがかつて破壊した小売店のビジネスモデルに進出したりしています。

つまり、もともと存在している商品と顧客とを、「どのように結びつけるか」ということに注目して、従来の常識を覆すことで、新しいビジネスを生み出しています。

同じような考え方から、第1章のビジネス成長速度で取り上げたUberやAirbnbなども、新たなビジネスモデルをもたらした例だといえます。

また、ＳＡＰもリーマンショックを契機に、従来の主力製品であったＥＲＰというシステム一本の事業モデルから、多角化モデルへと変革を開始し、スポーツやヘルスケアといったそれまでになかった事業を立ち上げ、大きく成長しました。

では、このような企業のイノベーションは、「イノベーション人材」と呼ばれるような特殊な能力を持つ「人」によって成し遂げられたのでしょうか。

答えは「Ｎｏ」です。

イノベーションとインベンション（発明）は異なります。

発明とは、たった一人の天才によって新たな技術や製品がもたらされるものです。

しかし現代のイノベーションとは、なにかを発明するのではなく、既存の仕組みや常識を覆し、新たなビジネスモデルを生み出すこと、つまり「アイデアの勝負」です。

だからこそ、多様な人材からの意見が重要になりますし、組織全体でアイデアを出し合えるような組織文化をつくることがイノベーションへとつながります。

イノベーションを現実にする三つの要素

では、イノベーションを現実のものとするには、どのような組織づくりをすべきなのでしょうか。ポイントは三つあります。

●多様性とオープン・マインド

2010年当時、SAPが発表した多角化モデルへの移行は、まだ時間がかかると思われていました。もちろん、変化していくことは必要ですが、性急に変化することでのマイナスも大きいと考えられていたのです。それはある意味では正解でしたし、不正解でもありました。

結果として、それほどすぐに変化が現実のものとなったわけではありませんが、5年後、新たな事業モデルへのシフトチェンジは一気に進み、当初の予想以上に事業成長の原動力となりました。

この変革を支えたのが、SAPが買収した多くの企業の社員の力です。また同時期に、SAP自身も、マルチナショナル人事からインターナショナル人事への移行を行ったことで、同じチームのなかに、様々な出身企業のメンバーや国籍のメンバーが集まり、新たな事業に挑戦するような組織が生まれました。

私自身もこのような組織に所属していましたが、今までと同じ環境で、同じ人と一緒に仕事をしているだけでは、決して得ることができなかったアイデアが多く生まれました。

そして、それを試して成功するごとに、自分の常識や思考のなかにはないような、一見馬鹿げているように思う意見でも、「馬鹿げているように感じるからこそ新しい」という気持ちでオープンに受け入れられるようになりました。

組織を多様化するだけでは、新たな発想は現実のものにはなりません。多様化したうえで、他人の意見に対してオープン・マインドで接することを徹底して浸透させる。これによって、小さな思いつきを、大きな成功へと結びつけていくことができるのです。

●失敗を許容する組織風土をつくる

イノベーションは、常に現場からその種が生まれます。新しい発想、新しいニーズ、新しい顧客とのつながり、それは顧客や市場に一番近いところから生まれるのです。

リーダーや経営者の役目は、その新たな種を、一気にスケールアップさせて、いち早く大きな流れをつくっていくということです。もちろん、企業買収などの大きな事業判断は、経営者が行うわけですが、イノベーションの種が現場から遠く離れたトップダウンで生まれるわけではないのです。

一方で、現場で生まれた新たな気づきには、金の卵もあれば、そうではないものもあります。なぜなら、限られた情報や環境から生まれたアイデアだからです。経営者のようにすべての情報を集めて、様々な角度から分析することはできません。

ただし、現代のイノベーションはスピードが命です。今や、先述したUberと似たようなビジネスは世界中に存在します。新しい発想だと思えば、まずアイデアをいち早く、小さく試す必要があります。

もちろんうまくいかないことも多く出てくるはずですが、失敗を恐れていてはなにも生まれません。「多く失敗するほど成功に近づく」という価値観を醸成する必要があるのです。そのためには、事業コンテストのような取り組みを通じて、経営、人事、社員が一緒になって考え、失敗を恐れず試してみるという場をつくることが有効です。

「失敗ができない」組織においては、新しい発想は生まれません。

そもそも、必ず成功することがわかっているのであれば、競合企業がすでに手をつけているわけです。競合企業に追随して、規模の力で市場を後から占有することもできますが、それならイノベーションは不要です。

本当にイノベーションを実現する必要があれば、失敗を許容する組織風土をつくることが最短の道です。

例えば、サイバーエージェント社の〝あした会議〟などは、新たな事業を生み出す原動力として、企業全体で新たなチャレンジを促進し、失敗から学ぶ文化を醸成する取り組みといえます。経営者、人事、リーダー、社員、全員が一緒になって「失敗を許容し、失敗から学ぶ」という価値観を共有できた組織には、新たな発想が生まれます。そうなって初めて、イノベーションを起こす人やチームが出てくるのです。

組織が変われば、人も変わります。しかし、人が変わったからといって、組織が受け入れなければ、なにも起こらないのです。

●「外からの視点」をもつ

新たな発想の種は、偶然天から降ってくるわけではありません。顧客や、市場、競合他社、または、顧客の顧客といった事業のバリューチェーンをよく観察し、先入観を排除して見方を変えることで、新たな気づきが得られます。

会社のなかから世の中を眺めているだけでは、会社の利害や自分の職務などに大きく影響されて、いつのまにか視野は狭くなっていきます。

日本を出て海外から日本を見ると、日本の良さにあらためて気づくということがありますが、全く同様に、会社を出て外から会社を見たり、顧客を見てみたりすると、今までとは全く違う視点を得ることができます。イノベーションの種とは、単なる思いつきではなく、視点を変えて考え抜いた結果として出てくるアイデアなのです。

こうした「外からの視点」を社員に持たせるために、例えばGoogleは〝20％ルール〟を導入しました。普段の仕事とは違う、社員自身が取り組みたいプロジェクトに意識的に20%の時間を費やすことを奨励し、新たな視点で物事を考えることを促進したのです。

昨今、日本企業においても副業を許可する企業が増えています。どのような制度であれ、イノベーションを現実のものにするためには、いつもと同じように世界を見ているのではなく、新たな視点を得る機会を社員に提供する必要があるでしょう。

4

オムロン株式会社
執行役員 グローバル人財総務本部長

冨田雅彦氏

1989年4月、立石電機株式会社（現オムロン株式会社）に入社。2012年4月、同社 グローバル戦略本部経営戦略部長に就任。2014年4月、同社執行役員に就任。2017年4月、同社グローバル人財総務本部長に就任、現在に至る。

ここで、オムロンにおける組織開発の取り組みを紹介します。
オムロンは、企業理念を大切にして、グローバルに浸透させています。それは、単に理念を理解してもらおうとする取り組みではなく、社員の日々の仕事と理念をうまく紐づけ、業務を遂行するなかで自然と社員が同じ方向を向けるような工夫がされているのです。そして、この組織開発が、実は人財育成にも深くつながっていることを具体的に理解していただけると思います。

オムロン流グローバル人事

オムロンは、制御機器事業、電子部品事業、車載事業、社会システム事業、ヘルスケア事業、そして環境事業を含む本社直轄事業を通じ注力する四つの領域、「ファクトリーオートメーション」「ヘルスケア」「モビリティ」「エネルギーマネジメント」において様々な製品やサービスを展開しています。海外進出も早くから進めており、現在は、世界117カ国で事業を展開、海外売上高比率は60％に、海外社員比率は70％に迫る勢いで拡大を続けています。

しかし、この海外展開の拡大スピードに見合うだけのグローバル・リーダー育成が追いついていないという懸念がありました。

そこで2011年より山田義仁社長の下、「グローバル人財強化」が掲げられ、新たなグローバル・リーダー育成の取り組みが始まりました。執行役員グローバル人財総務本部長冨田雅彦氏に、オムロン流のグローバル人財戦略について伺いました。

リーダー人財の育成が「人財戦略」の重点テーマに

オムロンで「人財戦略」が経営計画を推進するうえで重要課題としてフォーカスされるようになったのは、今の山田社長が就任した2011年のことでした。

オムロンでは1990年以降、10年ごとに長期ビジョンを策定しているのですが、2011年からの長期ビジョンVG2020（Value Generation 2020）の策定時に、初めて人にフォーカスした議論がなされました。

グローバルに事業が展開していくなかで、今後は商品、サービス以上に「それらを創り出す人、それらを届ける人」が競争力の源泉になってくるのではないか、という話になったのが発端でした。

人づくりを行うための様々なテーマが掲げられた「人財戦略」のなかで、特に重視されたのが、オムロンの持続的成長を実現させるうえで欠かせない経営と事業を牽引するリーダー人財の育成です。そのために最初に行われたのは「グローバルコアポジションとコア人財戦略の策定」でした。これは、10年先を目指して戦略や目標を実現するため、その鍵となるリーダー的役割を担うポスト「コアポジション」を定めようというものです。

まずは世界中のコアポジションを見極め、そこにどんな人財を配置することが適正なのかを把握していく。同時に、今後も適した人財を脈々と送り込んでいけるよう、後継者候補の発掘を行い、育成を計画的に行っていくパイプラインをつくっていこうというわけです。

世界中でグローバルコアポジションとして定められたのは、組織の大小により異なりますが、「事業部長クラス以上」。後継者選定のため、まずはコアポジションの現職者自身に「どのような能力があり、どのような経験を持っている人がそのポジションにふさわしいか」といった要件を出してもらって要件書にまとめました。

そのうえで、ふさわしい後継者候補を何人か選んでもらい、個人のプロファイルと要件書とをマッチングして選定する、といったやり方で行っていきました。

とはいえ、「具体的でロジカルな要件書が機能した」とは言い難いところがあります。要件書はどうしても理想的なスペックになりがちなので、どんな人がそのポジションにふさわしいのかはなかなか判断がつきませんでした。

また冨田氏は、一番大きな問題は「日本人中心の後継者選定になってしまうこと」であったと話します。

やはり日本企業ですので相対的に日本人の層が厚く、海外にあるコアポジションの3分の2を日本人が担っていたため、日本人はどうしても日本人を選んでしまいがちだったのです。しかし、我々は企業理念に「社会的課題の解決」を掲げています。海外現地が持つ社会的課題の解決を担い、事業を成長させるリーダーとしては、やはり現地で生まれ育ち、現地の価値観を持っている人のほうがいい。そのことを意識して、現地人の登用を積極的に進めるようにしていきました。現在では海外のコアポジションの約半分が現地人となっています。

■口コミで「Future」人財発掘

オムロンでは、若手のリーダー人財の発掘と育成にグローバルで強化しています。

コアポジションの後継者の要件について話しているときに、リーダー人財は、

①ＰＬ収益責任
②事業や本社支社などをまたぐクロス経験
③母国外勤務
の三つの経験を持っているべきだということになりました。

これらの三つの経験を積むには、重要ポストに就いてからでは難しい。

そこで、２０１７年度から、より若手に注目し35歳未満くらいの次世代リーダー層を「Future 人財」として、三つの経験を早期に積ませ育成していく試みを始めることにしました。

また、対象となる人財も要件にマッチした人財に絞るのではなく、条件を広げました。

スペックはともかく「こいつ、ええんちゃう？という人を挙げてください」とリーダー層に伝えたところ、世界中から４００人もの名前が挙がってきました。この際、主観であっても、複数の人がいいと言うならばいいことにしよう、と割り切ることにしました。

いわば「口コミ」で次世代リーダー候補の発掘を行ったわけですが、このような方法が機能したのには、オムロンならではの理由がありました。それは、オムロンの社内で繰り返し語られ、大事にされている企業理念「われわれの働きで　われわれの生活を向上し　よりよい社会をつくりましょう」の存在です。

要は社会的課題を解決するための価値を創造しましょうよと。そのために失敗を恐れず情熱を持ってチャレンジしていこうというわけですが、私たちはこの企業理念がムチャクチャ好きなのです。企業理念を熱く、何度もリーダーが語り、メンバーがそれに共感、共鳴しては、「苦しいけど、頑張ろう」「こんなことにチャレンジしてみよう」と仕事を進めているのです。

オムロンでは、ここに共感、共鳴して自ら仕事の意義を見出し、そしてそれを自分で体現し、人を巻き込んでいけるかが、我々のリーダーの第一条件、1丁目1番地。たとえ役員クラスであろうと、次世代リーダー層であろうと、全員がこの観点で人を見ています。つまり、自然とオムロンのリーダー像という共通理解があるのです。といっても「なんとなく」ですよ。でも、この「なんとなく」が大事なのです。

オムロンでは、「企業理念」に対して共感、共鳴し、体現できているかどうか、というリーダーとなるための条件が暗黙のうちに理解されており、しかも、この企業理念は海外でも国内と全く同じように高く支持されているといいます。このように、オムロンでは、企業理念がしっかりと根づいていることが、組織としての強みにつながっているのです。

企業理念の実践を表彰する制度「TOGA」

とはいえ、今や海外社員比率が7割に迫るグローバル企業となったオムロン社内で、どのようにして、この企業理念を共有しているのでしょうか。

オムロンでは、これまでにも理念浸透のための様々な取り組みが行われてきました。それらをグローバル全社に広げ、さらなる価値創造につなげていくための実践の試みとして2012年から新たに立ち上げられたのが、TOGA（The Omron Global Awards）という社内表彰制度です。社内表彰といっても、高い成果を上げた社員やチームを表彰するものではなく、「理念実践にチャレンジし続ける風土」の醸成を狙い、1年かけて理念実践を行った優秀事例を表彰するというものです。

チームで日々の仕事はなんのため、誰のためにやっていて、それはなにを解決するのか、を本気で議論してチャレンジを宣言し、エントリーしてもらい、それを1年かけて実践した事例をみんなで共有し、褒め合います。

ＴＯＧＡは、我々が日々取り組んでいる仕事が、社会的課題の解決やソーシャルニーズの創造であること、社会と企業理念と自分の仕事が、つながっていることを意識してもらう取り組みです。特別なことをするのではなく、普段の仕事をエントリーするようにしてもらっています。

例えば、死因の１位が心疾患というフィリピンでは血圧を測る習慣がなく、血圧計も普及していなかった。そこで、政府と連携して健康診断などをする保健施設に血圧計を配布する事業を行った、といったような事例です。

毎年、創業記念日に世界中から選ばれた13の事例を京都に集めてグローバル社員に共有し、共鳴を広げます。２０１７年度は約６０００テーマ、全世界でなんと約５万人以上がエントリーしています。社員は３万６０００人ですので、一人あたり２、３テーマをエントリーしているという計算になります。

最後に、冨田氏にグローバル時代を担っていく人財像を伺うと、「志、とがり、つなぎ」の三要素を重視しているとのこと。

まずは、自分はこれをやりたいという志を持っていること。そのために、どんな経験を積み、どんな能力を身につけるのかを考えて自分をとがらせる。といっても、とがっているだけではだめで、同じ思いを持った多様な人たち同士がつながれば、さらに志が大きくなり、大きなことを成し遂げられると思うのです。

我々人事はそうした人たちの背中を押してあげられるよう、しっかりと支援していきたいと思っています。

本インタビューは2017年12月7日に実施しました。

第6章
テクノロジーがもたらす未来の人事

この章のポイント

□グローバルで社員や組織を把握するには
ＩＴの力が不可欠

□ＡＩを活用することで、
グローバル人事マネジメントの効率化が進む

□社員に対するリアルタイムでの情報収集も始まっている

グローバル人事には欠かせないITの活用

グローバル人事を推進していく際になくてはならないものの一つが、情報共有ができる人事情報システムです。普段目の前で働いているわけではない、海外の人材について把握するためには、様々な人事情報がデータ化され、正しくアップデートされている状態になっている必要があります。

特に人材の流動化が進んでいる海外では、社員の入退社の頻度が、日本に比べて格段に多く、過去の実績や経験、採用までの経緯などが情報化され共有されていない限り、人事として、人材戦力の全体感を把握することもできませんし、需要と供給はもちろん、どこにどういうリスクが存在するのかも、見えない状態となります。

これでは、人事として、人事戦略を立てていくことはできません。闇に向かって鉄砲を撃っているようなものです。

今後、タレントマネジメントをグローバルで進めていきたいと考え、戦略的な配置や育成を行っていこうとしているのであれば、個人のキャリアや経験に対して、より細やかな情報が必要となります。

特に、「経験してきた業務や役割」「残してきた成果」「強み」「弱み」「本人が望むキャリアの方向性」などは、最低限一人ひとりの情報として把握していきたい情報であり、タレントマネジメントの基本情報として考えられています。

一方で、２０１８年5月から施行された、ＧＤＰＲ（ＥＵ一般データ保護規則）のように、世界では個人情報の取り扱いについて、より厳格な基準と罰則を定める動きとなっており、社員情報の取り扱いもより慎重に行われなければなりません。

日本にも個人情報保護法が存在するように、個人情報保護に関するルールは、各国によって異なりますが、インターネットやＳＮＳの発達によって、個人情報が漏洩する事故は飛躍的に増えています。今後も、より一層保護の基準を上げる方向になることはたしかでしょう。

こういった細かな情報管理、情報活用を可能にし、同時にＧＤＰＲなど世界の様々な法制度に対応するＩＴの仕組みは、「グローバル・タレントマネジメント・システム」と呼ばれ、グローバルに事業を展開している大企業を中心に多くの企業が導入しています。

しかし、旧来の労務管理や給与計算を目的とした人事システムに比べ、社員一人あたりの情報量が格段に増えることもあり、情報の分析や活用が十分にできていないケースも多いようです。

さらには、ＳＮＳやインターネット上のあらゆる情報を活用して採用における候補者の検索や企業に対する適用性の分析が可能となり、情報はますます増えていく一方です。

これまで人事の世界では、「人」の頭のなかにある情報が重宝されてきましたが、それではスピードに対応できません。そこで、「HR Tech」という言葉に代表されるように、人事とテクノロジーを融合させる取り組みが日本でも進んできました。

今やグローバル人事マネジメントを進めるにあたって不可欠ともいえる最新テクノロジー。第６章では、その活用方法について見ていきましょう。

ＡＩとはなにか

ここで、今、人事分野のテクノロジー活用のなかで、注目を集めているＡＩ（Artificial Intelligence）について、簡単に触れておきたいと思います。

ＡＩとはなにかを一言で述べるのはなかなか難しいのですが、主な定義には次ページのようなものがあります。

例えば、ＡＩを従来のコンピュータと比較して考えてみましょう。

AIの定義とは

人工的につくられた、知能を持つ実体

中島 秀之
人工知能学会 フェロー
公立はこだて未来大学 名誉学長

人工的に作った知的な振る舞いをするもの(システム)

溝口 理一郎
北陸先端科学技術大学院大学 特任教授

人工的につくられた人間のような知能、ないしはそれをつくる技術

松尾 豊
東京大学大学院 特任准教授

コンピュータもＡＩと同様、データ分析などが可能ですが、ＡＩがコンピュータと異なるのは、「データをいかに分析するべきか」を、ＡＩ自身が考えてくれる、というところです。しかも、自分で学習し成長することができます。

例えば、ＡＩは単語を理解し、覚えるだけでなく、文章や文脈を理解することができます。

有名な例として次のような二つの文章があります。

① We gave the monkeys the bananas because they were hungry.（猿がお腹をすかせていたので、バナナを与えた）

② We gave the monkeys the bananas because they were overripe（バナナは熟れすぎていたので、猿に与えた）

さて、この they はなにを指すでしょうか？

①の文章は猿、②の文章ではバナナです。なぜわかるかというと、「猿はお腹をすかせるけれど、バナナはお腹をすかせたりはしない。加えて、猿は腐らない」ということを知っているからです。これは誰かに教わらなくとも、誰もがなんとなく経験のなかで知っていることです。

文章とは、こうした「なんとなく知っていること」「そこはかとない知識」のようなものを前提に理解されているわけです。我々人間は単語や文章の言葉の意味を理解するだけでなく、その言葉が使われている文脈や背景を同時に理解しています。

しかし、従来のコンピュータにとってはこういった文脈を理解することは、非常に難しいことでした。そのため、コンピュータが扱う情報に「意味」を与えるのは人間の仕事でした。例えば、「この数字の羅列は、店舗と月、時間軸の売上のデータだから、店舗ごとにデータを並べて比較してみよう」と人間が考え、集計や複雑な計算はコンピュータに任せる、といった具合です。

これに対し、データを見て、「これはどうやら場所と時間のデータらしい。なぜなら、過去に同じような法則で並んだデータを見たことがあるから。それでは、これを、こう並べてやろう」というところまで考えてくれるのがＡＩなのです。

といっても、それを知るためには、膨大な予備知識の蓄積とそのデータ解析が必要です。これが、近年のインターネットの普及によるデータ収集範囲の拡大と、コンピュータの並行情報処理能力の飛躍的な進歩によって可能となり、判断基準そのものを自動的に更新していくディープ・ラーニング（Deep Learning）という技術が一気に進化したのです。

このように、自ら判断基準の精度を高め、膨大な情報を自動的に解析していくＡＩを人事のなかにもうまく活用できないだろうかという取り組みが増えています。

一方で、ＡＩにはできないこと、苦手なこともあります。

ＡＩはあくまでも情報をベースにしてその傾向を割り出すことに長けているに過ぎません。確かに人間が気づかない切り口での分析や示唆を提供してくれるので、非常に有効な武器となります。また、コールセンターの受け答えや、システムへの入力作業などの定型的な業務はＡＩに置き換わっていく可能性が高いと思います。

ですが、あくまで判断基準の一つを与えてくれるという存在であり、情報化されていないような価値観や背景のもとに、総合的に判断を下すことができるのは人間だけです。

また、ＡＩは人の心を動かす力や感情、感覚といったものがないので、部下のやる気をうまく引き出したり、事業のミッションについて熱く訴えたりといった「熱量」をうまく伝えることもできません。

「人を動かしたり」「人をやる気にさせたり」「人を育てたり」するような高度なコミュニケーションはすべて人間の仕事なのです。

今後は、人事分野でも、テクノロジーを活用したほうが正確で効率が上がる業務と、人にしかできない業務との線引きが必要になってきます。

それを、判断するのもまた、人の仕事となりますので、テクノロジーを使ってどのようなことができるようになっていくのかを知っておくことが大切です。

人事におけるAIの活用

では実際に、人事分野においてＡＩはどのように用いられるようになっていくのでしょうか。

人事分野においてＡＩを活用するにあたっては、次のような目的、または領域で使うと効果が出やすいといえます。

テクノロジーは人材マネジメントをどう変えるのか

- ●多種多様な大量データを効率的に連携して分析すること
- ●主観による判断のブレを排除すること
- ●分析が複雑で活用が難しい情報を使いやすく提供すること

定型的な処理や質問に対する回答を自動化したり、ビッグデータを解析して様々な人事業務に活用したりするには、大前提として、データを収集し蓄積していること、そして、それらのデータを連携させるデータ統合がなされていることが必要です。

採用時のデータ、人事評価に関するデータ、研修や育成に関するデータ、アセスメントデータなど、人に関する様々なデータがバラバラに存在しているだけでは、活用することができません。多種多様な大量データを効率的に連携、集約することが第一歩です。

そのうえで、様々な傾向を分析してモデル化を行います。こうしたモデル分析の結果と実際に現実世界で起きた事象や結果とのギャップを把握し、モデルの精度をブラッシュアップし続けることで、ＡＩは、人の主観だけに頼らない配置や育成、採用の可否などの提案ができ

人事分野での科学的アプローチ

科学的分析アプローチに必要な要素

- 多種多様な大量データを効率的に連携、分析
- 人手を介さず主観を排除して分析、モデル化
- 経営層・管理職・人事がそれぞれの用途で使える形でデータを提供

次世代リーダー選抜

適性ランキング	名前	AIによるモデル分析	適用モデル
1	Aさん		若手リーダーモデル
2	Bさん	候補からの除外を検討	若手リーダーモデル
3	Cさん		若手リーダーモデル
4	Dさん	新規候補として追加	若手リーダーモデル

!
人では追いかけられない情報まで分析し、候補者を提案

きます。

また、どれほど精緻なデータ分析ができたとしても、現場でしっかりと活用されなければ意味がありません。データを様々な形で分析した後、実際にその分析結果を利用する人、利用するシーンに合わせた形態でわかりやすく提供することも重要なポイントです。

ＡＩを中心としたテクノロジーを人事分野のなかで実際に活用することで得られる利点としては、主に次の３点が挙げられます。

テクノロジーを人材マネジメントに活用する利点

- ●主観だけではない、客観的な視点を得ることができる
- ●漏れのないスクリーニングができる
- ●ライブの情報を取り込んで、今すぐ必要な対策をとることができる

ここからは、現在すでに始まっている、人材マネジメントにおけるＡＩ活用について、いくつか具体的な事例を紹介します。

人では追いかけられない情報に潜む本質

ＡＩを用いることにより、人事、人材育成に客観的な視点を加えることができます。

例えば、次世代のグローバル・リーダー候補を選抜するため、人事評価の結果など一定の基準に基づき、ある程度人材を順位付けしたうえで、比較検討をして判断しようとしたとします。

一定の情報を利用し、人が選抜を行う場合、「直近2年の評価結果」といった情報に基づいて人材を絞り込んでいくことが多いわけですが、そうなると、「直近2年の評価は悪いけれども、その前は非常に評価がよかった」という人がいたとしても見逃されることになります。

一方、ＡＩを使えば、過去にさかのぼって評価を見ていくこともできますし、もし直近2年の評価が悪ければ、「なぜ直近の2年が悪いのか？」というところまで見ることができます。「もしかしたら、上司との組み合わせが悪かっただけではないか？」といった仮説を立てて調べてくれるのです。

すると、その上司が過去に良い評価をつけている人を探り、実はその部下は全然パフォーマンスが出ていない、つまり「過去2年間の評価において、社員Aさんの評価は、上司との組み合わせによって悪くなっていて、さらにその上司の評価は信頼できない可能性がある。だから直近2年だけではなく、直近5年の評価情報に基づいて分析してみれば、社員Aさんは選抜されるべき人材かもしれませんよ」といったところまで、AIは提案してくれます。

実際には、こうしたAIによるモデル分析結果をそのまま受け入れるというよりも、人の目による抜け漏れを第2段階においてAIを活用してチェックをし、そのうえで最適な判断を行うという使い方をします。

また、かつてはハイパフォーマーの行動傾向をモデル化することで、優秀人材の行動傾向や素養を明らかにするということが多く行われていましたが、「そのハイパフォーマーがどんな環境、またどんなチームで活躍したのか」までは分析されていませんでした。

しかし、ハイパフォーマーの素養があっても、チームメンバーとの相性や仕事の内容によって、力が発揮できないということも多くあります。

そこで、AIは、「彼はこういったタイプのメンバーとの組み合わせだと活躍しやすい」「このプロジェクトには、このようなタイプでの組み合わせでメンバーを選ぶと成功しやすい」など、「人」の情報だけではなく、「人に関わる環境」の情報も含めてモデリングし、それに沿って適切な人材を選抜することが可能になります。

同様にＡＩは、採用においても、主観によるバイアスや見落としを排除することで大きく効率化に寄与してくれます。

採用担当者は、応募者すべての履歴書を読み解き、募集要項に対する適性があるかどうかを判断しますが、実は、過去に面接をした応募者のなかに適した人材がいるかもしれません。また、面接官は、自分が担当している募集ポジションへの適性だけを判断しますが、場合によってその応募者は、異なる国の異なるポジションにぴったりの人材となるかもしれません。

しかし面接官の担当が異なれば、そういう判断ができず、せっかくの優秀な人材を逃してしまうことも多くあります。

ＡＩは、こういった見落としを排除し、履歴書を読み込ませると、募集中の全ポジションとのマッチングを行い、漏れなくスクリーニングをかけていくことができます。

さらに最近では、今働いている人たちが将来どのようになっていくのかを予測することにも活用範囲が広がっており、「退職予測モデル」のようなものも実用化され始めています。

人事評価やフィードバックの情報、オンライン研修の受講状況、異動歴の傾向や、グレーディングに対する滞留年数など、各企業のもつ退職リスクの傾向はＡＩによってある程度モデリングすることができます。

一方で、グローバル組織では、上司と部下が必ずしもいつも顔を合わせて仕事をしているわけではありません。グローバル組織だけではなく、今後国内においても在宅勤務や、リモートワークといった働き方がますます進むことでしょう。上司が部下の日々の状態や顔色を見ながらその変化を把握することは難しくなってくるのです。

そこで、退職につながるリスクを早めに検知し、上司に対してアラートを出すことができれば、上司は一つの参考情報として、意識して社員とコミュニケーションをしたり、観察したりといったことができます。

必ずしも退職につながるような状況でなくとも、部下が困っていることを察知できたり、モチベーションを改善できたりするだけでも、非常に意義のあることといえるでしょう。

このようにＡＩを活用することで、人が持つ主観や、限られた情報によって偏りがちな判断に対して、客観的な視点を与え、判断やマネジメントの精度を高めることができるというわけです。

情報は企業のあちこちに転がっている

ＡＩはたしかに便利なのかもしれないが、結局のところデータがなければ正確な予測もできないし、ＡＩどころか人間が分析するにしても、そもそもデータがどこにもない――そう思われるかもしれません。

しかし、人材に関わる情報というのは、企業のいろいろなところに散らばっているだけで、実はたくさんあるのです。

例えば、日本人が新卒で入社する際には、ほとんどの場合、潜在能力のアセスメントを受けているのではないでしょうか。

有名なものといえば、リクルートキャリア社が開発したＳＰＩで、採用のときに「適性検査」という呼び方で行われているものです。

このＳＰＩの情報は、選抜や登用の際に、人材がもつ潜在能力についての貴重なデータとなりますが、多くの企業では、採用時以外に利用されていません。

２９３ページに変動性の高低を縦軸として、人材の評価要素を並べてみました。

この図を見てすぐわかるのは、実は一番変動性が高いのは「成果」だということです。どれほど優秀な人材であっても、マーケットの状況や担当する顧客、製品の問題などによっては、常に高い成果が出るとは限りません。

また、モチベーションも、優秀さとは関係なく、やる気をなくすことはありますから、やはり変動性が高いといえます。スキルや経験はどうかというと、個人差はあるものの、比較的定着率が高く、変動性が低くなってきます。

では一番、変動性が低いのはなにかと考えると、もともと持っている素質、特性など見えない部分、すなわち潜在能力なのです。

潜在能力は目に見えづらいところがありますが、先述したSPIのようなアセスメントツールで測定することができます。海外にはSPI以外にも、さらに多くの被験者サンプルを持つアセスメントツールもあります。

潜在能力のアセスメントを、3年後、5年後、10年後と継続していくことで変化も見えてきます。一定の時間を経過することで、価値観が変わり、行動特性として変化していくものもあるのです。その変化によって、向いている役割や仕事も変わり、社員の力を今まで以上に引き出すことも可能となります。

人材の可能性を評価する：潜在能力のアセスメント

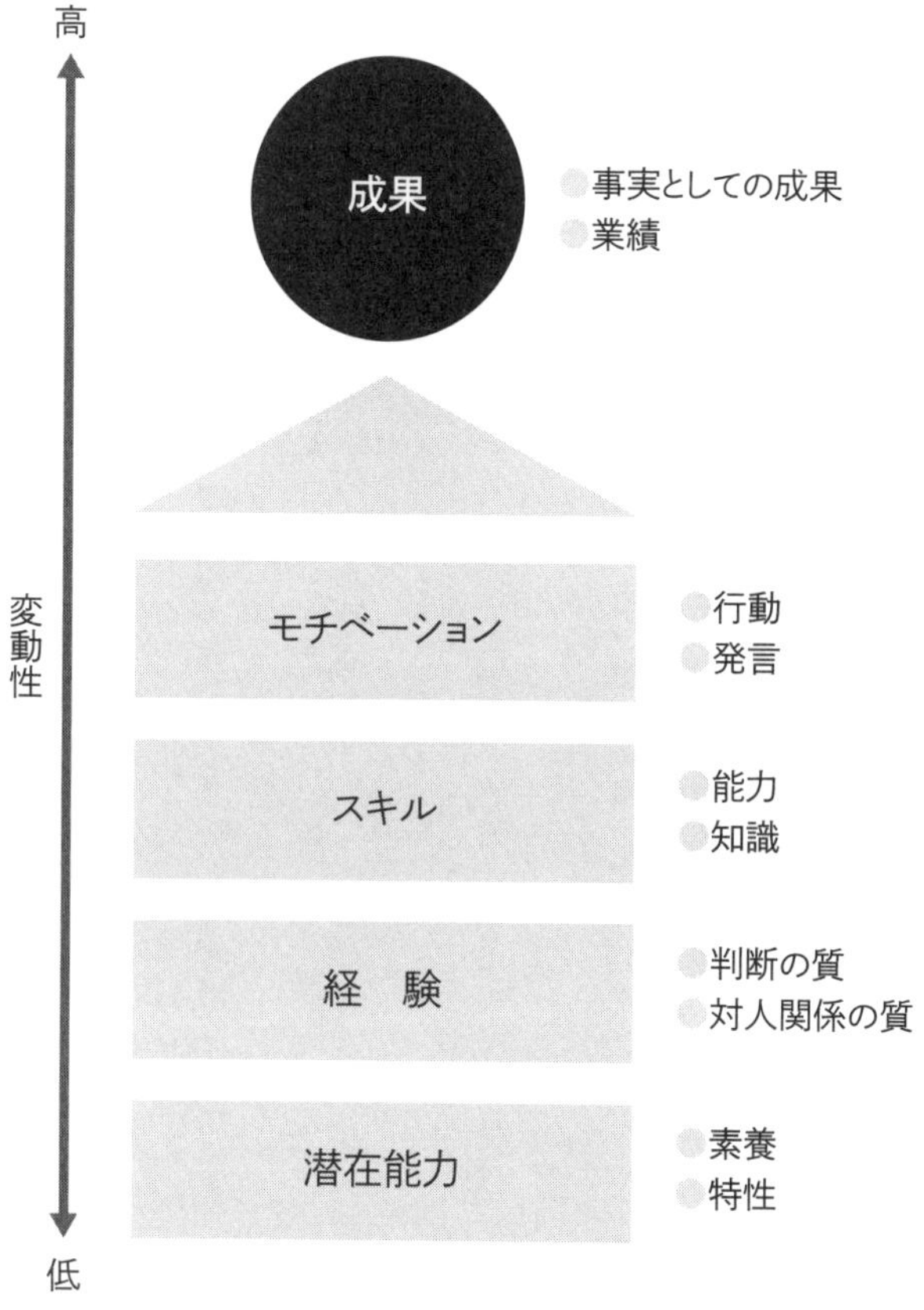

人材アセスメントの情報は、数年ごとの変化を分析し、もっと社員の登用、適正配置などに活用されてもいいと思っています。

デバイスの進化によるライブ情報の活用

これまで、人事情報といえば、過去の情報のみでしたが、今後はライブ情報もデータ活用の対象となっていきます。

例えば、今は腕時計のようなウェアラブル端末を身につけることにより、社員の睡眠時間や一日に歩いた歩数、といった情報も集めることができます。

こういった情報をもとに、社員の「今」の健康リスクを把握したり、健康管理に生かしたり、と様々なことが可能になります。

SAPでも、社内でウェアラブル端末による取り組みを実験的に進めています。希望者を募り、社員の約半数がウェアラブル端末を身につけ、毎日の歩数を計測しています。歩くことが健康促進につながることは、科学的に証明されていることでもありますし、社員が自ら楽しみながら健康に対する意識の向上を図ることができる試みとなっています。

また企業としても、体調がモチベーションやパフォーマンスに与える影響の大きさはわかっています。

しかし、その改善方法として、例えばリフレッシュ休暇のような制度を導入し、「同じタイミングで全社員が年に3日間取得する」といった制度を導入することと、ライブ情報に基づいて、体調の変化がありそうな社員を分析し、「個別のタイミングで積極的な休養を奨励する」といった場合とでは、効果がかなり変わってくるのではないかと思います。

これまで1年に一度の健康診断情報程度しかなかった社員のヘルスケア情報に対して、「今の健康状態」に限りなく近い情報がわかることで、就業情報などと合わせて分析していくと、パフォーマンスの維持や、メンタルヘルスのリスク回避に、かなりの精度でつなげていくことができるようになります。

こうしたデバイスの進化は、活用できる情報の範囲を大きく変化させ、今までは考えられなかったような形で、データ活用シーンが広がる可能性もあります。

ケーススタディ

5

SAPジャパン株式会社
代表取締役社長
福田 譲 氏

1997年4月にSAPジャパンに新卒として入社。2011年以降は、特定戦略顧客、流通・サービス業、通信・メディア業、プロセス製造業等の営業部門長を歴任。2014年7月に代表取締役社長に就任。顧客と協働した新たなイノベーション創出と日本のデジタル変革に注力中。

SAPはドイツを本社とするIT企業ですが、この数年で事業のポートフォリオが大きく変化するとともに、人事においても、ドイツを中心としたマルチナショナル人事から、インターナショナル人事への変革に挑戦し、グローバル人材の育成に取り組んでいます。人材戦略の変化を迅速に実行するためには、人事情報の活用は欠かせません。リーダーはいかに人事情報を効果的に活用しているのか、その実際の姿を紹介します。

SAP流グローバル人事

SAPはドイツ中西部ヴァルドルフに本社を置くビジネスソフトウェアの会社で、企業の基幹システムであるERP分野をはじめ企業向けアプリケーション・ソフトウェアにおけるマーケットリーダーとして、あらゆる業種におけるあらゆる規模の企業を支援しているグローバル企業です。

日本での事業展開を担うSAPジャパンを率いるのが、2014年、新卒入社から初めてトップとなった社長の福田譲氏。

「英語が苦手だった」と言う福田氏は、どのようにしてグローバルで活躍できる力を身につけたのか、また、グローバル企業において、国を越えて人材について議論するためにはどのような取り組みが必要なのか。

社長だけが知るSAPのリーダー後継者育成の仕組み、さらには、自社の人材育成に対する思いなどについてお話を伺いました。

■「グローバル」を意識したきっかけ

南　福田さんは2014年からSAPジャパンの社長をなさっています。まずは、福田さんがどのようなきっかけで「グローバル」を意識なさったのかをお聞かせいただけますか。

福田　実はSAPも昔からグローバル企業だったというわけでありません。「ドイツの一企業からグローバル企業に変わっていくんだな」と最初に感じたのは2010年にCEOがドイツ人でなくなったときのことです。その後2014年にドイツ法の会社であるSAP AGからヨーロッパ法のSAP SEになったときに、「いよいよ本気で変わるんだな」と実感しました。

南　ご自身が「グローバル」を意識なさったのもそのころですか？

福田　個人的にはもう少し前で、2006年の夏のことでした。会社のプログラムでシンガポールにあるINSEADアジアキャンパスというところへ2週間ほど派遣してもらったのです。

そこにはSAPのアジアパシフィック地域の次世代リーダーが30人ほど集められていて、私もそのうちの一人でした。31歳、営業部長になって5年目の年でしたね。

英語が苦手だった私は、仕事がそれほどできないのに英語ができるというだけで重用される人がいることに不満を感じていました。
そのことを当時の日本法人の社長だったロバート・エンスリンに訴えたところ、「きみは自分で仕事ができると思っているんだろう？　それなら、きみが英語をできるようになれば一番早いじゃないか」と言われ、シンガポールへの派遣が決まったというわけです。

南　シンガポールではなんとかなったのですか？

福田　それがさんざんでした。英語が本当にダメだったのです。授業内容はおろか、自分の名前を呼ばれていることにすら気づかない有様でした。
一方で、他の国からの参加者は、同年代なのに様々な価値観を持った人たちのなかでお互いに理解を深めつつ、しっかりと意見をまとめていく力を持っていました。「日本で『仕事ができる』なんて勘違いしている場合じゃなかった」と打ちのめされて帰ってきました。
帰国後、社長に「ぜひ日本人ではない上司に仕えたい」という話をしたら、上司がイギリス人になりました。その後、少しずつ視野も広がり、英語もできるようになり、グローバルな考え方ができるようになっていった、という感じです。

南　実際に外国人の上司と仕事をすることによって大きな変化があったのですね。

福田　はい。タイミングよく機会を与えてもらえたと思っています。
私は人材育成に関して、「スイッチを押せ！」とよく言っているのですが、自分から成長したい、勉強したい、新しいことにチャレンジしたいというモードになっているときの経験はすべてが体に染み込んでいくものです。そういう意味で２００６年にスイッチが入ったあとの４年間は全く違いました。

■社長就任当日に後継者を指名

南　福田さんは今、社長としてご自身の後継者を育成していく責任も担っておられます。後継者育成については、どのようにお考えですか。

福田　これは社長になってびっくりしたことなのですが、なんと社長就任の当日、朝一番の仕事は後継者指名だったのです。まだ座り心地の悪い椅子に座り、パソコンを立ち上げた途端、法務部長と人事本部長が入ってきて、後継者育成のためのサクセッションシステムにアクセスし、「後継者を指名してください」と。

南　就任当日の朝というのはすごいですね。後継者候補となる人たちのことはどのように把握したのですか？

福田　システムに前社長が後継者指名していた人たちの詳しい情報が入っていたのです。私に対する育成の記録とともにメモなども残されていて、「こんな風に育てられていたのか」

と驚きました。「自分も同じことをしなくては」と、就任初日からサクセッションを意識するようになりました。

ちなみに幹部クラスのサクセッション・プランニングについては、3カ月に一度、2〜3時間かけてアジア地域全体でディスカッションを行っています。六つの国・組織にいる100人弱の幹部全員の評価や状況を共有するのです。

これによって、どの国のどのポジションが空いていて、どこにどんな人がいるのかが、かなり把握できるようになってきて、日本の人材を海外に送り込むようなこともやりやすくなりました。

南　後継者育成について、気をつけていることはありますか？

福田　自分にしてもらったことはしてあげようと思っています。

その一つが現状の業務レベルより少しハードルを上げた業務への任命です。「少し早いかな、やれるかやれないかわからないな」という状態で、あえてリスクをとって、少し背伸びが必要な仕事に任命するのです。現状業務から少し背伸びをした業務こそが人を成長させるいい機会だと思うからです。

また、後継者候補に対しては、早いうちにその覚悟を持ってもらえるよう、期待していることや今後チャレンジしてほしいことなどをクリアに伝えることを心がけています。

南　国を越えて人材についてのディスカッションをするためには、やはりきちんと情報が共有されていないと難しいですね。

福田　それはもう、前提条件として非常に重要です。といっても、単なる異動歴のような人事情報だけでは不十分です。

これは先ほどの後継者育成計画をインプットするサクセションシステムについても言えることですが、その人材がどのような経験をして、リーダーとしてどういう特徴があり、強みはなにで弱みがなにか、といった詳細な情報があって初めて機能するものです。

■「育てる」から「育つ」へ

南　社長として、人をどんな風に育てていきたいか、人材育成に対する考え方をお聞かせください。

福田　まず、考え方として「育てる」から「育つ」に変えていきたいですね。人によって、成長の心地よい速度、幅、方向というのは違うものです。それを画一的に育てようというのは逆に効果的ではないのではないかと思うのです。

従来の日本企業では、どちらかというと、入社からずっと一車線に並んで全員で走っていき、追い越し禁止、というスタイルです。
ですが、私は車線を増やして、自然に早く育つ人は早く、ゆっくり育ちたい人はゆっくり行かれるよう、それぞれの車が好きな速度で走れるようにしてあげたい。それぞれの人が育つ速度を観察し、理解し、まずは邪魔しない、ということが重要だと思うのです。
そのうえで、会社は、もしギアをもう一段上げられるようなお手伝いができそうなら手伝うし、迷っていたら手を貸してあげる。適切な環境を準備し、適切な意識づけをすることで、自然に育つ環境や仕組みを整えるのが会社の役目なのではないかと思っています。

南　それは非常に大事なことですね。単にプログラムを与えて画一的な効果を期待するのではなく、人をそれぞれきちんと見ていこう、ということだと思いますが、それには現場のマネジメントが重要になってきます。そのための取り組みなどはなさっていますか？

福田　うまくいっているかどうかはわかりませんが、半年に一度、日本に130人いるカタリスト（今後の著しい成長が見込まれる層）一人ひとりの育成方針について、各部門長と役員が全員集まって会議を行い、かなり詳しく話をする機会を持っています。「来年はAチームの誰々をBチームに異動させて、こんな仕事をしてもらおう」といった話をオープンにすることで、意図的に人を回すことを心がけています。
こうした会話を通して、マネジャーたちがどれだけ人のことを見ているかを知ることもできるので、非常に重要な機会だと考えています。

南　一人ひとりの社員を細かく見ること、そしてマネジャーと社員がしっかり会話していることが「スイッチを入れる」ためにも大切になりますね。

福田　そうですね。昨年から評価制度も大きく変わりました。単純な5段階評価のようなものを廃止して、社員の目標、経験、成果、キャリアに対する考え方などについてマネジャーと社員が頻繁に会話し、その内容を記録したもの自体を評価情報に代えています。

これらの、社員に関する多面的でタイムリーな情報を、AIを使って分析することも始めました。これからは、単に1年に一度点数をつけるのではなく、「今の」旬な情報を蓄積して分析することが、大切になると思います。

また、これはまだ始めたばかりですが、「いったいあなたは、なんのために働いているのですか?」「なにを人間としてやりたいのですか?」といった、人としての最終的なゴール、目的といったものに今、再度フォーカスしようとしています。

人間が底知れぬ情熱を注げること、電池切れを起こさないことというのは、やはり情熱を持ってやり遂げようとする「なにか」があるからです。

それぞれの社員の「スイッチを入れる」ためにも、自らやり遂げようとすることを決めて（セルフエンゲージメント）、そして、それをやり遂げるために計画し、実施していくこと（セルフコミットメント）が非常に重要になってくると思っています。

本インタビューは2017年12月14日に実施しました。

おわりに

グローバル人事を成功させていくことが、日本企業のこれからの成長には欠かせない。この想いが本書を執筆したきっかけです。

しかし、いざ具体的に進めようとなるとなにからどう始めるべきなのか、どこを目指すものなのかがはっきりしないまま海外企業の真似をして、結局うまくいかない企業が多いのが現状です。本書が、グローバル経営に挑まれるすべての経営者、また人事の方々にとって、グローバルで戦える人材と組織をつくるときの羅針盤のような一冊になればと思っています。

あらためて、本書で私がお伝えしたかったことは3点あります。

一つめは、「グローバル人事とは、人事のための取り組みではない」ということです。第1章で述べたように、グローバル人事とはあくまでも経営のための改革の一つ。経営のグローバル化に合わせてやっていくべきものであり、グローバル化する事業がない、もしくは事業が変化を必要としないのであれば、無理に行うものではありません。

しかし、そのことを脇において、なんとなく「やはり海外の人材を採用するほうがいいのだろうか？」「グローバル人事はどこまでやればいいのかわからない……」と、闇雲に不安に思っている経営者、人事の方が多い気がします。

大事なことは、「人事がいかに経営と二人三脚で事業に関わっていくのか」ということです。経営と人事が一体となって未来を見据えることが、グローバル人事の最初のステップといえるかと思います。

二つめは、「グローバル人事といっても、これまでの日本企業の人事と原則は変わらない」ということです。

確かに人事がグローバル化することで、変わる部分は多々あります。様々な国籍、人種、宗教の社員がいるようになるなど人材が多様化し、雇用に関する考え方も多様になるので、若くても昇進させてほしい人もいれば、退職する人も出てきます。

また、価値観も多様で、みんなで同じ方向に向かっていくことが難しくなります。それは、本書内でも人事のグローバル化に伴って起きる三つの変化「人材の多様化」「人材の需給のグローバル化」「人材の流動化」として解説したとおりです。

こうした大きな変化を前提にしつつ、今までの人事と同じことを、世界を視野に入れてやっていく、というのがグローバル人事の基本的な考え方です。グローバル人事だからといって、なにか新しい仕組みや制度が必要になるというわけではありません。

もちろん、新卒採用、終身雇用、年功序列といった、日本型雇用の前提がすべて世界で通用するわけではありませんが、本質的にはあくまでも、「人」を育て、「組織」として機能させていく、その連続であることは変わりません。

ただ、多様化と遠隔化が進むなかで、日本企業は「計画的に」「客観的指標をもって」「透明性のある」人事を行っていかなければなりません。

本書では、これらの変化にいかに向き合い、いかに効果的に対応していくかについて、第3、4章で具体的にその方法論をお伝えしてきたつもりです。ぜひ自社の人事戦略上、必要な取り組みと優先順位を見極め、できる限り早く実行していただきたいと思います。

三つめは、「日本企業には海外企業にない強みがある」ということです。

長年の均質的な労働環境があるとはいえ、社員がここまで自身の会社を愛し、心を一つにして一生懸命に働くことができる組織は、世界中を探しても日本企業以外には見つかりません。

また、価値観が全社員に浸透していて、高いロイヤリティを発揮しながら動くことができる組織力も大きな強みです。多くの海外企業は、こうした部分に問題を抱えており、なんとか克服しようと何年もの時間と労力をかけて様々な施策に取り組んでいます。幸い日本企業は、すでに基礎の最も重要な部分はできています。あとは第5章で述べたように、海外の社員に伝えるための工夫に注意していただき、グローバルに広めていけばいいのです。

もちろん、相手に合わせてやり方を変える必要はありますが、大事な部分は必ず伝わります。ぜひ、自信をもって、日本企業の良さを世界に伝えていただきたいと願います。

次ページに、日本企業と海外企業の人事における「強み」「課題」「これからのチャレンジ」を比較してまとめます。

「グローバル企業」と聞くと、なにか別次元ですごいことをやっているように思われている方もいるかもしれません。

しかし、一社一社を見てみると、本当の意味でグローバル企業、というところは多くありません。アメリカ企業にはアメリカ企業なりの課題があったり、ドイツ企業には日本と同じ

グローバル人事において対応しなければならないこと

- 人材の多様化（多様な人材を活用し成果に結びつける）
- 人材需給のグローバル化（海外を含めた人材ニーズの把握と供給）
- 人材の流動化（主要な人材の退職などのリスク対応）

海外企業	日本企業
強み	**強み**
• 早くからグローバル人事に取り組んでいる • 本社の人事制度をそのままグローバル展開できる • 多様な人材の活用が進んでいる	• 社員との結びつきが強く組織力が高い • 退職率が低く、育成コストを回収できる • 海外企業が先行して取り組んできたことから学ぶことができる
課題	**課題**
• 退職率が高く、育成にコストをかけても回収できない • 社員との結びつきが弱く、組織力を発揮できない	• 本社の人事制度をそのままグローバル展開できない • 経営と人事の距離が遠い
これからのチャレンジ	**これからのチャレンジ**
• 組織開発に取り組み、社員と企業のつながりをつくる • 将来を担う主要な人材の退職率を下げ、長期にわたる戦略的な育成を成果に結びつける	• グローバル人事のゴールを定める • 人事の計画性、客観性、透明性を高める • 組織開発の取り組みに海外の社員を巻き込む

ような長期雇用といった人事慣習があったりします。それぞれ企業文化も異なっており、試行錯誤をしながら、グローバル化を進めてきただけのことです。

日本企業は世界に通用する強みをすでに持っています。ですので、その日本企業の良さを生かしながら、人事のグローバル化を進めていただきたいというのが私の想いです。

とはいえ、変えるべきところもあります。

それは、「人」と「組織」に対する意識です。

今後、世界は「モノ」ではなく「コト」が重視され、ますます変化の時代へ加速度的にシフトしていきます。付加価値のある商品、サービスを生み出し、企業が成長していくためには、「人」が不可欠。そしてイノベーションを生み出す人の「個性」に注目し、育成し、活躍の機会を与えることができなければ、グローバル市場で勝っていくことはできません。

そのためには、第2章で述べたように、もう一度「人」の価値の測り方を定義して、個人の力を最大限に発揮できるようにする必要があります。

また、イノベーションを起こすためには、多様性とともにオープン・マインド、外からの視点が必要となります。とりわけ最も重要で難しいことは、「チャレンジを認め、失敗から学ぶことを許容する」組織の土壌をつくることです。

年功序列でみんなが上を見て忖度し、出る杭が打たれるような組織ではイノベーションは起きません。第5章で述べたように、イノベーションを現実のものにするには、とにかく組織を変えることです。

組織が変われば、人は変わります。ぜひグローバルで組織の在り方を変えていくことに挑戦してください。


日本企業の経営者、人事、管理職の方々は、ぜひ「人」と「組織」に対する意識を改め、人事の重要性を再認識していただきたいと思います。それができなければ、日本企業は世界から取り残され、ますます苦しい状況に追い込まれてしまうでしょう。

この先も、日本企業がグローバルで勝ち残っていくために、日本企業の良さを世界に伝えていくために、本書がお役に立てるとしたら幸いです。


最後になりましたが、本書の制作にあたり、インタビューにご協力いただいた皆様にはこの場を借りて心から御礼申し上げます。日本の多くの企業がグローバル人事をどのように進めていけばよいのか迷っているなかで、すでに存在している素晴らしい取り組みやお考えを、多くの方々にお伝えしたいという私の想いに快くご賛同いただきました。皆様のご理解がなければこの本は完成しなかったと思います。

また、本書の出版に際し、長期間にわたって辛抱強く支えていただいた編集者の庄子錬さん、編集協力の井上佐保子さんがいてくださったからこそ、本書の完成に辿りつけました。ありがとうございました。

そしてなによりも、本書を手に取ってくださった皆様に、心からの感謝の気持ちを捧げたいと思います。

２０１８年5月

南和気

「人事が意思決定するための知識・考え方を網羅している良質な手引書」

早稲田大学ビジネススクール准教授　入山章栄

本書には、国際化が進む日本企業にとって不可欠な「グローバル人事」についての考え方が、きわめて網羅的、体系的に書かれています。一読して、「ぜひ多くの日本企業の人事の方に教科書的に読んでいただきたい本だ」と思いました。

本書は、多くの企業のグローバル人事戦略に関わってきた南さんのご経験をもとに記されていますが、私の専門である経営学的な視点からも親和性が高く、納得のいく内容になっています。読み進めながら、そうした点をいくつも見つけることができました。

例えば、本書で南さんが提唱する、役割によって分散されたリーダーシップが複数の柱となって組織を支える「パルテノン型組織」の考え方は、海外のリーダーシップ研究で提唱され、これからのリーダーシップの在り方ともされる「シェアード・リーダーシップ」そのものです。そこでは「ビジョンの共有」が重要になる、という点も全く異論のないところです。

また本書では、グローバル人事の基本的なモデルとして、「セントラル人事」「マルチナショナル人事」「インターナショナル人事」の三つが示されています。

このモデルからは、「グローバル人材」とは、単に英語がペラペラ話せる人のことではなく、組織形態や事業の状況や特性、グローバル展開の方向性などにより、必要な人材も組織のありかたも変わってくる、ということがよくわかります。

実は、経営学においても「ＩＲフレームワーク」（バートレット&ゴシャール）という同様なフレームワークがあります。

これは、事業や製品をグローバル規模で標準化し展開していくグローバル統合の軸と、現地ニーズに合わせた形で展開していくローカル適応の軸とで、グローバル経営戦略の方向性を四象限で示すものです。

とはいえ、この「ＩＲフレームワーク」は、あくまでも経営戦略についてのものです。バートレット&ゴシャールも組織や人事に関しては「それぞれの戦略に合った人材マネジメントが必要」といったことを述べているに過ぎません。

その点で、南さんが提唱される三つのグローバル人事モデルは、「ＩＲフレームワーク」に極めて親和性の高い人材戦略のフレームワークと見ることができます。

グローバル経営における組織や人事については、海外の経営学研究を見ても、確立した理論や考え方などがまだまだ少ないと私は理解しています。

そうしたなかで、南さんが体系化なさった考え方は、経営学的に親和性があり、かつご自身の経験をもとに学術的な知見を超えている部分が多々あることが興味深く、発見の多い一冊だと感じました。

一方、本書をお読みになる読者の方々について、危惧していることが二つあります。

一つは、この本が人事、組織の考え方について主観的に一つに決めつけることなく、あえて複数の考えを体系的、網羅的に書いていることで、「結局、なんでもありということなのか？」「どれが正しいやり方なのかはっきりしない」という印象をお持ちになる方がいるかもしれない、ということです。

しかし、私は本書の良さはまさにこの部分にあると考えています。

南さんが本書で何度も強調なさっているとおり、人事とは「目的」ではなく「手段」であり、その企業が目指す経営や戦略に紐づいていなければならないものです。

「どの企業にも通じる正しいグローバル人事のやり方」などというものはなく、その企業の経営戦略によって、取るべき人事の打ち手は変わってきます。自社の経営戦略に沿ってどのような人事戦略をとるべきかを考えるのが、人事の仕事なのです。だからこそ、南さんが整理された多様な視点による網羅性の高い本書は、その良質な手引書と言えるのです。

もう一点、危惧していることは、人事担当者が、本書を片手に自社の戦略や経営方針に紐づけて人事のあり方を考えていこうとすると、日本企業の経営上の大きな課題にぶつかることになるかもしれない、ということです。

それは、「経営者にしっかりとした戦略や経営方針がない」という問題です。

海外企業は総じて経営者が長期的なビジョンを掲げ、一定期間、腰を据えて戦略実行を進めていく傾向にあります。ＧＥなどは１２０年の歴史のなかでＣＥＯは10人しかいません。

しかしながら、日本の経営者はトップの任期が短い傾向にあり、経営方針が定まらなかったり、トップが変わる度にブレていってしまったりすることがしばしばあります。

そういう意味でも、経営トップがしっかりとした経営戦略を打ち出すとともに、ビジョンから導き出された人事戦略が定まっていることは欠かせません。

これからの日本企業にとって、人事は最重要課題です。それを思うと、本書は経営者の方々にもぜひ読んでいただきたい一冊と言えるでしょう。

最後に、学者である私を含め、多くの日本企業の人事担当者には、「グローバル企業と日本企業にはギャップが大きく、グローバル人事をやるには、人事のなにもかもすべてを変えなくてはいけない」と思い込み、取り組みが遅れている現状を悲観する方も多いのではないかと思います。

一方、本書で南さんは「変えなければならないところは多々あるけれども、日本企業がもともと持っている現場の強さやロイヤリティの高さなど、強みを生かしてやっていくことができる」と断言なさっています。私は何よりもこの点に勇気付けられました。

先ほど「経営の変化が重要」と述べましたが、人事担当者から見れば、それを待っているわけにはいかないのも事実です。それに対して、「日本の人材・組織の強みをきちんと生かそう」という南さんの主張は、日本企業の人事担当者が今からでもできる施策が多分にあることも示唆しています。

ぜひ本書が多くの方に読まれて、日本企業の人事・人材がさらに良くなっていくことを祈念せずにいられません。

【著者紹介】

南 和気（みなみ・かずき）

◉——人事・人材戦略コンサルティングのスペシャリスト。SAPジャパン株式会社 人事・人財ソリューションアドバイザリー本部 本部長。

◉——兵庫県神戸市出身。大阪大学法学部卒業後、アメリカ企業を経て2004年にSAPジャパン入社。人事ソリューション事業責任者、アプリケーション営業責任者などを歴任し現職。現在、SAP Asia Pacific Japanに所属。2015年、日本企業によるグローバル人事の事例とその手法を記した『世界最強人事　グローバル競争で勝つ日本発・人材マネジメント』(幻冬舎メディアコンサルティング)を出版。2017年度、立命館大学大学院にて「人的資源管理」講師を担当。

◉——日本企業のグローバル経営において、「人事のグローバル化」「グローバルで活躍する人づくり」「イノベーションを実現する組織づくり」といった課題を、「日本企業の強みを生かしたグローバル人事」によって解決する手法を15年にわたって提唱し、200社を超える人事コンサルティングの実績を持つ。経営戦略から人事戦略へ落とし込むノウハウを強みとし、「企業が勝つための人事」の提言に定評がある。

人事《じんじ》こそ最強《さいきょう》の経営戦略《けいえいせんりゃく》　〈検印廃止〉

2018年６月11日　第１刷発行
2018年９月３日　第４刷発行

著　者——南　和気
発行者——齊藤　龍男
発行所——株式会社かんき出版
東京都千代田区麴町4-1-4 西脇ビル　〒102-0083
電話　営業部：03(3262)8011㈹　編集部：03(3262)8012㈹
FAX　03(3234)4421　振替　00100-2-62304
http://www.kanki-pub.co.jp/

印刷所——シナノ書籍印刷株式会社

　ISBN978-4-7612-7350-7 C0034